U.S. Levin
Frauen sind die besseren Männer

U. S. Levin

Frauen sind die besseren Männer

Satiren aus dem Eheleben

Mit Zeichnungen von Peter Dunsch

mitteldeutscher verlag

1. 10. 2018

2015
© mdv Mitteldeutscher Verlag GmbH, Halle (Saale)
www.mitteldeutscherverlag.de

Umschlagabbildung: Peter Dunsch
Gesamtherstellung: Mitteldeutscher Verlag, Halle (Saale)

ISBN 978-3-95462-536-9

Printed in the EU

Inhalt

Das Wunder von Halle.
Ein Vorwort

Immer und immer wieder lagen mir in den letzten Jahren aufgebrachte Leser in den Ohren, ob und wann es denn endlich Neuauflagen meiner ersten Bücher geben würde. Bis zur Stunde konnte ich diesem allzu menschlichen Verlangen nicht positiv begegnen. Vehement sperrt sich seit Jahren der Dietz Verlag dagegen, die beiden von Manfred Bofinger illustrierten Satirebände „Das Auto im Manne" und „Schuld war der Computer" neu drucken zu lassen. Auch der Sachsenbuch Verlag zeigte keinerlei Interesse, mit dem Titel „Paradies für Kunstverbrecher" seine Bilanzen aufzumöbeln und ließ stattdessen lieber mich von einem Bodyguard vermöbeln, als ich mich weigerte, das Verlagsgebäude zu verlassen.

Alle Bemühungen verliefen im Sande. Nichts half. Keine guten Worte, keine Drohbriefe, in denen ich postmodern eine wichtige Backzutat versteckte, als wäre es eine hochgiftige Substanz. Ich hoffte, auf diese Weise hätte ich etwas Mehl. Auch ein konsequent geführter Hungerstreik, den ich nach zwei Stunden wegen meines knurrenden Magens abbrach, schlug fehl. Selbst das Anketten ans heimische Bett führte nicht zum gewünschten Erfolg. Alle Aktionen liefen ins Leere. Verlagsentscheidungen sind für viele Autoren weder verständlich noch nachvollziehbar.

Dabei könnten die beiden Verlage heute richtig reich werden mit den Büchern. Zur Geburtsstunde meiner drei Ladenhüter musste ich mich mit einer überschaubaren Fangemeinde begnügen. Die hätte ich locker auf einem Tandem mitnehmen können. Sie, als die Fangemeinde, bestand nämlich damals aus einer jungen Frau, die mir noch heute flammende Leserbriefe schickt – aus der geschlossenen Psychiatrie. Inzwischen hat aber mein Leserkreis gigantische Formen angenommen. Viele davon laufen frei herum und würden selbst das Fassungsvermögen eines Regionalligastadions sprengen. In Mitteldeutschland bin ich nämlich inzwischen weltberühmt. Und das sage ich in aller Bescheidenheit.

Apropos *Mitteldeutschland*: Plötzlich und völlig unerwartet wurde ich vom Mitteldeutschen Verlag aus Halle an der Saale gefragt, ob ich denn an einem Best-of meiner ersten und längst vergriffenen Bücher interessiert wäre. Noch ehe ich *Nein* sagen konnte, stimmte ich zu und unterschrieb ungelesen den Vertrag. Das Finalprodukt halten Sie nun in den Händen, und wir haben uns richtig Mühe gegeben. Jede Geschichte wurde noch einmal liebevoll überarbeitet, ohne dabei die typische Sprache des jungen Levin zu entstellen. Mein Freund und Illustrator Peter Dunsch, der mit seinen bewährt schwarzhumorigen Zeichnungen bereits seit 2003 meine Bücher zu sächsischem Weltruhm führt, gab auch diesem einzigartigen Werk gutenbergscher Druckkunst den letzten Schliff. Meine Frau sagte letztens zu mir: „Ohne Peter wären deine Bücher nicht halb so schön. Sei froh, dass du ihn hast!"

„Aber Liebling", erwiderte ich überrascht, „ich hasse ihn doch gar nicht."

Mit diesem Buch hat der Mitteldeutsche Verlag einen unschätzbaren kulturpolitischen Beitrag geleistet. Dass es so und nicht anders gekommen ist, haben Sie einem jungen und engagierten Verlagsteam eines altehrwürdigen Verlagshauses zu verdanken. Ihre belletristische Verlagstat ist für mich wie auch für Peter Dunsch: ‚Das Wunder von Halle‘.

Und vielleicht geht ja das Wunder noch weiter. Denn inzwischen giert die verwöhnte Leserschaft mit der Hartnäckigkeit Deutscher Steuerfahnder nach Hörbüchern und E-Books. Immer aufdringlicher attackieren sie mich, beugen sich nach Veranstaltungen tief über den Lesetisch und hauchen mir ihren nicht immer angenehmen Atem

„Ich suche noch ein lustiges Motiv für den Levin.
Kannst du dazu mal unser Auto umparken?"

ins Gesicht. Als Autor braucht man eine enorme Leidens-
fähigkeit. Man muss viel aushalten können, ohne selbst
ausgehalten zu werden. Meine Erklärungen, ich hätte
doch bisher weder E-Books noch Hörbücher geschrie-
ben, werden nicht akzeptiert. Dieser immense Druck, der
dadurch auf meinen zerbrechlichen Schultern lastet, ist
kaum noch zu ertragen. Ich fühle mich wie die erfolgs-
verwöhnten Bayernspieler immer der Meisterschaft und
dem nächsten Sieg verpflichtet. Der Fan ist eben eine
Macht, der gern mit meinen Büchern lacht.

März 2015

Aufklärung tut dringend not

Ich möchte versuchen, den knochenharten Job eines verheirateten Buchautors am Beispiel eines einzigen Arbeitstages zu schildern. Nehmen wir an, es ist ein Donnerstag. Drei Tage aufreibender Schreib- und Schwerstarbeit sind bewältigt – vier weitere gilt es erhobenen Hauptes zu bestehen. Schriftsteller haben noch immer die Siebentagewoche.

7.32 Uhr! – Gnadenlos rasselt der Wecker. Eine merkwürdige Zeit! Aber auf 7:30 Uhr bekomme ich den altersschwachen Wecker einfach nicht gestellt. Ich quäle mich aus dem Bett und verschwinde im Bad, dabei versuche ich, die beiden verlorenen Minuten wieder hereinzuholen.

7.58 Uhr! – Frisch gestylt, rasiert und besprayt verlasse ich die häusliche Frischeoase und schlüpfe in ein bequemes T-Shirt und in eine ausgebeulte Jogginghose.

8.01 Uhr! – Ich gehe zum Briefkasten und hole die Zeitung. Den Leitartikel lese ich bereits im Aufzug. Die knappen, aber treffenden Formulierungen versetzen mich in Schreiblaune.

8.06 Uhr! – Ich setze die Kaffeemaschine in Gang und schiebe zwei Scheiben Weißbrot in den Toaster. Die Zeit dehnt sich zur Ewigkeit. Ehe ich bemerke, dass sich der Zeitschalter auf acht Minuten verstellt hat, erfüllt beißender Brandgeruch die Küche. Ich will das Fenster aufreißen. Welches Fenster? Unsere Küche hat kein Fenster, nur eine Durchreiche zur Wohnstube.

8.13 Uhr! – Endlich! Ich sitze am Frühstückstisch, trinke den ersten Schluck Kaffee, beiße eine kleine Ecke vom Brot ab und überfliege die Schlagzeilen. Plötzlich klingelt es. Felix Stürzler, mein Nachbar, steht vor der Tür.

„Mein Fernseher ist kaputt", stöhnt er.

„Was kann ich denn dafür?"

„Ich wollte mir nur euer Gerät borgen. Du guckst doch ohnehin kaum fern."

„Aber ... wie stellst du dir das vor?"

„Ist doch nur für ein paar Tage", beschwichtigt mich Felix und schleppt bereits unseren Fernseher aus der Wohnung.

8.47 Uhr! – Ich widme mich wieder der Zeitung und bin jetzt im Sportteil angelangt. Die fette Schlagzeile *Kaiser*

„Hallo, Uwe, ich glaube, mit deinem Auto stimmt was nicht!"

Franz mit Millionen-Werbevertrag hebt sich von der belanglosen Berichterstattung ab. Was hat dieser Mann, was ich nicht habe? „Geld ist für mich nur bedrucktes Papier", hat er mal in einem Fernsehinterview gesagt. Ich möchte gern Franz Beckenbauer sein, dann hätte ich nicht meine Probleme, sondern seine!

8.50 Uhr! – Es klingelt. Felix Stürzler steht schon wieder vor unserer Wohnungstür.

„Ich brauche deine Hilfe!"

„Aber du hast doch schon unseren Fernseher."

„Ja, aber meinen muss ich zur Reparatur bringen."

„Soll ich dir tragen helfen?", frage ich vorsichtig.

„Denkst du etwa, ich kann das schwere Ding allein schleppen?"

„Nein, natürlich nicht", entschuldige ich mich und ziehe meine Jacke über.

„Vergiss deinen Autoschlüssel nicht!", sagt er mit einem kategorischen Imperativ. Wie selbstverständlich nehme ich meinen Autoschlüssel vom Schlüsselbrett. Im Aufzug, wir haben das Gerät abgesetzt, frage ich ihn: „Wozu brauchen wir meinen Autoschlüssel?"

„Irgendwie muss ich doch meinen Fernseher in die Werkstatt bekommen!"

„Heißt das ... willst du etwa damit sagen, dass ..."

„Nun gib schon den Schlüssel her!" Er reißt ihn mir aus der Hand. „Mein Wagen ist in Reparatur!"

9.14 Uhr! – Ich sitze mit genau vierzehn Minuten Verspätung am Schreibtisch und beginne die beiden Satiren, die ich letzte Woche verfasst habe, zu überarbeiten. Nach dem ersten Absatz meldet sich das Telefon. Meine Frau ist dran.

„Du, es wird heute etwas später. Geh bitte einkaufen!

Wir brauchen Brot, Butter, Milch, Ketchup, eine Gurke, ein paar Tomaten, aber keine holländischen, Kaffee, Filtertüten, ein Stück Seife, die Fernsehzeitschrift für nächste ...“

„Die brauchen wir nicht mehr.“

„Wieso?“

„Ich habe Felix unseren Apparat geliehen, seiner ist ...“

„Du hast was!?“ – Ich lege schnell auf, schnappe den Einkaufskorb und sprinte zur Tür. Wieder klingelt das Telefon.

„Warum hast du aufgelegt?“

„Aber Schatz, ich habe nicht aufgelegt, wir müssen unterbrochen worden sein.“

„Du gehst jetzt sofort in die Kaufhalle und holst all das, was ich dir aufgetragen habe! Und wenn ich nach Hause komme, steht unser Fernseher wieder da, wo er immer steht! Verstanden?“

10.08 Uhr! – Ich setze die schweren Einkaufstaschen in der Küche ab und verstaue alles im Kühlschrank, zerstreut wie ich bin, auch die Seife. Plötzlich klingelt das Telefon. Diesmal ist es mein Verleger Dr. Wilfried Hunger.

„Wie weit sind Sie mit den noch ausstehenden Texten?“, fragt er ungeduldig.

„Nun ja, um ganz ehrlich zu sein ...“, antworte ich ausweichend.

„Nun hören Sie mir mal gut zu! Sie denken wohl, Sie sind der einzige begabte Autor. Bis nächste Woche liegen die Geschichten auf meinem Tisch oder Sie können Ihr nächstes Buch in den Wind schreiben!“

„Sie können auf mich zählen. Ich werde mich sofort an die Arbeit machen.“

Ich setze mich an meinen Schreibtisch und lasse die neuen Satiren vorerst ruhen. Als ich die erste Textdatei laden will, klingelt erneut das Telefon.

„Hast du den Fernseher geholt?" Früher klang die Stimme meiner Frau reizend, jetzt nur noch gereizt.

„Schatz, ich bin gerade vom Einkauf zurück. Aber ich gehe sofort zu Felix runter und hole ihn."

„Das will ich dir auch geraten haben! Sonst gnade dir Gott!"

10.39 Uhr! – Ich klingle verzweifelt bei Stürzlers. Niemand macht auf oder will aufmachen. Ich muss es später noch einmal versuchen.

10.44 Uhr! – Zurück am Schreibtisch. Ich hoffe, endlich die nötige Ruhe zu finden, um an meinen Geschichten weiterarbeiten zu können. Das Telefon meldet sich.

„Ich bin's, Richard!", dröhnt die tiefe Stimme meines Freundes und Kunstmalers Richard Querstrich durch die Leitung.

„Du, im Moment hab ich alle Hände voll zu tun!", versuche ich ihn abzuwimmeln.

„Schön für dich. Ich liebe auch diese kreativen Phasen. Aber was ich sagen wollte, ich habe ein neues Bild gemalt."

„Schön, Richard, bei Gelegenheit sehe ich's mir an."

„In Ordnung, die Gelegenheit hast du jetzt. Du brauchst nur mal schnell an deine Wohnungstür zu kommen!"

Verdutzt lege ich auf. Tatsächlich, Richard Querstrich steht vor unserer Tür, ein Handy am Ohr und lächelt mich spitzbübisch an.

„Da staunst du, was? Genial. Diese Dinger sind einfach genial."

„Ich hab nicht viel Zeit."

„Nur fünf Minuten für einen guten Freund", bettelt er, steht bereits im Korridor und wickelt sein Bild aus.

„Aber wirklich nur fünf Minuten", werde ich weich.

Aus den fünf Minuten wird eine geschlagene Stunde mit zwei Flaschen Bier und drei Gläschen Kognak. Ich lobe das Bild in der Hoffnung, ihn auf diese Weise loszuwerden. Leider erwächst mir daraus eine Kaufverpflichtung.

„Ich mache dir einen Sonderpreis!", lockt Richard geschäftstüchtig. „Dreihundert Euro. Komm, das ist halb geschenkt!"

„Ich möchte es nicht einmal ganz geschenkt!", wehre ich ab.

„Dir gefällt es also gar nicht, du Heuchler", wirft er mir beleidigt an den Kopf.

„Nein, Richard, nur im Moment habe ich andere Sorgen, als dir ein Bild abzukaufen."

„Na schön, du elender Feilscher, ich komme dir entgegen. Einhundert Euro. Mein letztes Angebot."

Ich gebe Richard den Hunderter und freue mich über die teuer erkaufte Ruhe.

12.10 Uhr! – Mein Magen fordert ungeduldig sein Recht auf Nahrung ein. Bevor ich weiterarbeiten kann, muss ich ihn erst mal zufriedenstellen. Ich hole mir ein halbes Grillhähnchen und würge das trockene Fleisch hinunter.

12.43 Uhr! – Ich lese die erste Geschichte und weiß plötzlich, wo ihre Schwächen liegen. Mitten in meine Suche nach passenden Formulierungen schrillt die Klingel. Felix steht vor unserer Wohnungstür, Hose und Jacke zerrissen und mit Brandflecken, die noch etwas qualmen.

„Was ist denn mit dir passiert?", frage ich über diesen seltenen Anblick belustigt.

„Frage lieber, was mit deinem Wagen passiert ist!"

Der Schock sitzt. Ich ahne Schlimmes.

„Du hattest einen Unfall!", stelle ich dann doch erstaunlich nüchtern fest, obwohl die drei Kognaks noch immer ihre Wirkung zeigen.

„Mit Fahrerflucht! – Hier ist dein Schlüssel!"

„Du bist getürmt?", frage ich entsetzt.

„Ich hab die Nerven verloren", winselt Felix, macht auf den Absätzen kehrt und verschanzt sich hinter seiner Wohnungstür.

Mir dreht sich plötzlich alles im Kopf. Es ist völlig unmöglich, in diesem Zustand geistiger Umnachtung noch eine einzige Zeile zu schreiben. Ich gehe ins Wohnzimmer, versinke in einem der weichen Sessel und warte. Warte worauf? Dass es vielleicht wieder klingelt?

13.21 Uhr! – Es klingelt wieder. Zwei uniformierte Beamte sehen mich vorwurfsvoll an.

„Sind Sie der Halter des Wagens L-BU 1810?"

„Ja, das bin ich ..."

„Oh", stöhnt der zweite, „der ist ja voll wie ein Schichtbus."

„Herr Wachtmeister, ich kann alles erklären."

„Wir sind gespannt."

„Ich bin seit mindestens drei Tagen nicht gefahren, weder mit meinem, noch mit einem anderen Auto", versuche ich den misstrauischen Grünlingen begreiflich zu machen.

„Dann erklären Sie uns doch bitte mal", fordert der zweite Polizist, „warum die Motorhaube Ihres Wagens noch warm ist!"

„Die Reste der Motorhaube", verbessert ihn der erste.

„Ich hatte mein Auto verborgt."

„Das ist kein sehr origineller Witz!", funkelt mich der zweite böse an.

„Wir müssen Sie auffordern mitzukommen!"

„Wohin?"

„Ins Krankenhaus zur Blutprobe."

„Ich kann trinken, wann ich will und wie viel ich will", protestiere ich energisch. „Ich kenne meine Rechte."

„Aber nicht, wenn Sie in trunkenem Zustand Auto fahren!"

„Ich bin nicht Auto gefahren, schon seit drei Tagen nicht."

„Wer dann?"

„Ich." Die beiden Polizisten drehen sich verwundert um. Felix Stürzler steht hinter ihnen, den Kopf schuldbeladen gesenkt. Die beiden Polizisten entschuldigen sich und nehmen Felix Stürzler in ihre Mitte.

13.46 Uhr! – Ich bin endlich allein. Vor Felix habe ich vorerst Ruhe. Ich überlege einen Moment, ob ich noch einmal den Computer anmachen soll, entschließe mich aber, den heutigen Arbeitstag zu beenden.

13.49 Uhr! – Das Telefon klingelt. „Hast du endlich unseren Fernseher geholt?" – *Der Fernseher*, schreie ich innerlich auf. „Tut mir leid, es ist etwas dazwischengekommen."

„Dazwischengekommen!?", brüllt meine Frau. „Was machst du eigentlich den ganzen Tag?"

„Das frage ich mich mittlerweile auch."

„Auf der Stelle holst du unseren Fernseher!"

„Das ist im Moment nicht möglich."

„Was soll das heißen, nicht möglich?"

„Felix ist nicht zu Hause. Vor einer halben Stunde wurde er verhaftet."

„Verhaftet? Weshalb?", flötet meine Frau schadenfroh durchs Telefon.

„Er hat einen schweren Unfall verursacht und ist danach abgehauen."

„Ich hab's immer gewusst, eines Tages geht es diesem Verkehrsrowdy an den Kragen", weiß meine Frau und sagt mit tiefster Verachtung: „Das sieht diesem Feigling ähnlich, Fahrerflucht!"

„Und das auch noch mit unserem Auto", ergänze ich der Vollständigkeit halber.

„Sag das noch mal!", schreit meine Frau hysterisch.

Schweren Herzens erfülle ich ihr diesen Wunsch.

„Das ist ja interessant, das ist ja hochinteressant", sprüht sie ihren Zynismus durch die Leitung. „Erst gibst du diesem Choleriker unseren Fernseher und dann auch noch das Auto. Ich möchte wetten, du hast heute noch keinen müden Euro verdient."

„Aber hundert Euro ausgegeben, für ein mittelmäßiges Bild von Richard Querstrich."

Filmverriss mit Folgen

Man sollte am Sonntagabend, zur besten Krimizeit, nie ans Telefon gehen. Anrufe um diese Zeit bringen in der Regel nichts Gutes. Wie oft habe ich mir schon geschworen, diesen aufdringlichen Klingelton einfach zu ignorieren. Wichtige Anrufe sind eh nie dabei.

Als es letzten Sonntagabend bei uns klingelte, gewann ich den Spurt zum Telefon. Es war ein wichtiger Anruf, und er war für mich.

„Ich brauche dich, dringend!", hauchte eine zarte Frauenstimme. Sie gehörte Martina Stiebstein, einer blutjungen Zeitungsredakteurin.

„Bist du allein zu Hause?"

„Ich sitze in der Redaktion, in anderthalb Stunden ist Redaktionsschluss, und mir fehlt noch immer ein Beitrag", erklärte sie ohne Umschweife und schien meine anzügliche Frage überhört zu haben.

„Wie soll ich denn in neunzig Minuten einen Beitrag herzaubern?", fragte ich ratlos.

„Es handelt sich um eine Filmkritik."

„Ist das nicht Schmierfinks Sache?"

„Der hat sich heute Morgen den Arm gebrochen, beim Tennis."

„Und die anderen, die sonst die Kritiken schreiben?", versuchte ich abzulenken.

„Büchner ist im Urlaub, Niesenstiesel in den Flitterwochen und Schoppentau bei einem Redaktionslehrgang in Frankfurt. Und jetzt hat mich unser verehrter Herr Chefredakteur mit der Filmseite beauftragt."

„Ein Unglück kommt zum Zelten nie allein", scherzte ich.

„So ist es", bestätigte Martina Stiebstein. „Jetzt kann mir nur noch einer helfen, und das bist du."

„Was bekomme ich für diesen Gefallen?"

„Den üblichen Satz."

„Damit kann man aber keine großen Sätze machen", hielt ich dagegen.

„Falls du an etwas anderes gedacht hast – tut mir leid, ich bin verheiratet."

„Ich auch."

„Uwe, bleibe bitte ernst! Für mich ist das ziemlich wichtig."

„Okay, um welchen Film handelt es sich?"

„Tatort."

„Welchen?"

„Den von heute Abend."

„Hab ich aber leider nicht gesehen", bedauerte ich erleichtert.

„Denkst du, Büchner, Niesenstiesel und Schoppentau sehen sich die Filme an, die sie hinterher verreißen?"

„Aber Filmkritiken liegen mir nun mal nicht", begann ich, mich wie ein Wurm zu winden.

„Winde dich nicht wie ein Wurm!", kam es ungehalten aus dem Hörer. „Filmkritiken können bereits Zehnjährige schreiben. Dazu gehört gar nichts."

„Und was schreibt man da so?"

„Na, zum Beispiel, dass die Handlung ziemlich geradlinig war, wodurch keine echte Spannung aufkommen wollte, und außerdem wären die Dialoge alles andere als umgangssprachlich gewesen, sondern wirkten steif und konstruiert und wie von Marionetten gesprochen."

„In einer Stunde maile ich dir meine Kritik!", versicherte ich Martina Stiebstein. Ich wäre ja bescheuert, mir für so einen läppischen Text die hundert Euro durch die Lappen gehen zu lassen.

Also setzte ich mich sonntagabends an meinen Computer und schrieb die erste Filmkritik meines Lebens. Als ich sie über die Datenautobahn jagte, hielt ich sie für die beste, die ich je verfasst hatte. Ich schrieb meine ehrliche Meinung, offen und schonungslos – ohne Rücksicht auf Verluste. Immerhin war ja die Handlung ziemlich geradlinig, wodurch keine echte Spannung aufkommen konnte, und außerdem waren die Dialoge alles andere als umgangssprachlich, sondern wirkten steif und konstruiert und wie von Marionetten gesprochen.

Als ich den Text noch einmal las, konnte ich nur noch den Kopf schütteln, welch schwachsinnige Streifen die Sender ihren zahlenden Zuschauern zumuten. Der Intendant sollte sich schämen. Der Intendant schämte sich nicht, er rief mich an.

„Sind Sie der Autor dieser Filmkritik?" Er klang verärgert.

„Ganz recht", antwortete ich standhaft, „und ich stehe dazu!"

„Prima", erwiderte er, und seine Stimme wurde freundlicher. „Ich möchte Sie gern sprechen! Persönlich, unter vier Augen!"

„Das ehrt mich. Wann passt es Ihnen?"

„Sagen wir morgen, um drei Uhr nachmittags!"

„Und wo treffen wir uns?"

„Sie kommen ins Funkhaus, in mein Büro!"

„Ich werde pünktlich sein."

„Das will ich hoffen!"

Mir mussten die Sicherungen durchgeknallt sein. Erst nachdem ich den Hörer aufgelegt hatte, wurde mir klar, dass das eine Falle war. Eine Einladung zum Intendanten einer Fernsehanstalt nach einem saftigen Filmverriss konnte doch nichts Gutes bedeuten. Ich rief Martina Stiebstein an und beichtete ihr das Unheil, das sich drohend über mir zusammenbraute.

„Ich hoffe, du gehst nicht hin."

„Morgen Nachmittag drei Uhr."

„Dann zieh dich warm an! Oder besser noch, regle gleich deinen testamentarischen Nachlass!"

Ich wollte weder das eine noch das andere. Viel mehr erwog ich, diesen Termin einfach platzen zu lassen. Aber was sollte ich antworten, wenn Martina Stiebstein mich fragen würde, wie es gelaufen sei. Feigheit vorm Feind? Das wollte ich mir unter keinen Umständen nachsagen lassen, dann würde ich schon lieber den heldenhaften Tod durch eine Intendantenkugel sterben. Natürlich fuhr ich nicht ins Funkhaus, ohne mich vorher warm angezogen und mein Testament aufgesetzt zu haben. Man kann ja nie wissen.

Als die Sekretärin hinter mir die Tür schloss, sprang der Intendant aus seinem Ledersessel und stürzte sich auf mich. Im ersten Moment glaubte ich, nicht durch eine Pistolenkugel ins Jenseits befördert zu werden, sondern durch die bloßen Hände dieses Fleischklopses. Dieser Gedanke schnürte mir die Kehle ab. Aber der Intendant hatte plötzlich ein strahlendes Lächeln aufgesetzt und führte, wie ich im zweiten Moment feststellte, keine mörderischen Absichten im Schilde.

„Setzen Sie sich!", lud er mich zuvorkommend ein, nachdem er mich dreimal väterlich an seine Brust gedrückt hatte. Er führte mich zu seinem Schreibtisch und drückte mich sanft in einen Sessel.

„Wie gefiel Ihnen dieser Liebesfilm?"

„Es ging so, aber mein Nachbar wurde rollig."

„Was möchten Sie trinken?"

„Ich ...", würgte ich und konnte kein weiteres Wort herausbringen.

„Einen Kognak vielleicht?", bot er mir an, schoss zur Anrichte rüber und holte ein edles französisches Tröpfchen.

Wir prosteten uns zu.

„Auf Ihren genialen Artikel!", salutierte er und stürzte den Kognak in einem Zug hinunter.

„Ich habe mich über Ihre Kritik sehr gefreut", erklärte er, als er sein Glas abgestellt hatte. „Fred, hab ich zu mir gesagt, der Mann versteht was vom Film. Ich darf Ihnen verraten, dass wir beide dieselbe Meinung vertreten. Auch ich finde, dass die Handlung ziemlich geradlinig ist, wodurch keine echte Spannung aufkommen will, und außerdem sind die Dialoge überhaupt nicht umgangssprachlich, sondern wirken steif und konstruiert und wie von Marionetten gesprochen. Sie haben mir aus der Seele gesprochen. Ich danke Ihnen!"

Ich war von der Entwicklung der Dinge absolut überrascht.

„Wissen Sie, alle Filme dieses Regisseurs kotzen mich an. Sie sind durch die Bank von einem geradezu widerlichen Dilettantismus durchsetzt. Aber ich muss sie senden, ob ich will oder nicht. Vertrag bleibt Vertrag!"

„Da kann ich Ihnen nicht widersprechen", antwortete ich, nicht nur, um etwas zu sagen, sondern auch, um ihm zu zeigen, wie sehr mich seine Worte rührten.

„Deshalb bin ich jedem Kritiker", sprach er weiter, „der diesen hirnrissigen Schwachsinn erkennt und gebührend verreißt, zu ewigem Dank verpflichtet. Eine Ablehnung seiner Filme kann aber leider erst dann erfolgen, wenn die Intendanten der anderen dritten Programme ihr Einverständnis geben. Und das ist schwierig. Für diese Kunstbanausen zählt doch nur die Quote und kein filmisches Kunstwerk", schniefte er erregt.

„Sie sprechen mir aus dem Herzen", pflichtete ich ihm bei. „Wenn Sie es wünschen, werde ich mich um den Verriss seines nächsten Tatorts wieder persönlich kümmern."

„Sie würden mir damit einen großen Gefallen erweisen. Mich hat allerdings stutzig gemacht, woher Sie Ihr fundiertes Wissen um diesen Film haben, wo er doch kurzfristig wegen einer Sondersendung um eine Woche verschoben wurde."

Und da soll mal noch einer behaupten, Filmkritiker hätten ein sorgenfreies Leben. Aber wenigstens wusste ich jetzt, dass die Handlung des Tatorts ziemlich geradlinig sein soll, wodurch keine echte Spannung aufkommen wird, und außerdem sind die Dialoge alles andere als umgangssprachlich, sondern wirken steif und konstruiert und wie von Marionetten gesprochen. Ich werde mir jedenfalls nächsten Sonntag diesen miserablen Krimi nicht antun. Vielleicht schreibe ich in dieser Zeit eine Filmkritik. Es gibt so viele Filme, die man noch nicht gesehen hat.

Lügen haben kurze Räder

Anfang der Neunzigerjahre stürmten viele meiner ostdeutschen Landsleute die frisch eingemeindeten Westgebiete, wo es flächendeckend Gebrauchtwagenhändler gab. Auch mein Nachbar Felix Stürzler zählte zu jenen vor Ungeduld platzenden Zeitgenossen. Er hatte seine Frau Erika und seinen Sohn Peter in den zwölf Jahre alten Wartburg gezerrt und kurz vor seiner Abfahrt nach Bayern verkündet: „Jetzt wird endlich ein ordentlicher Wagen gekauft. Dreißig Jahre habe ich auf diesen Augenblick gewartet."

Stürzlers kamen in einem fast ebenso alten, an manchen Stellen durchgerosteten Ascona wieder. Ich musste mir das Lachen verkneifen und tat Felix gegenüber, als würde ich vor Neid fast platzen. Man weiß ja schließlich, was man seinem Nachbarn schuldig ist.

Seit diesem Tag trug er seine Nasenspitze gut zwei Zentimeter höher, als es die menschliche Anatomie vorschreibt. Besonders abfällig äußerte er sich, wenn er mich aus meinem Trabi steigen sah.

„Wie lange willst du denn noch diese stinkende Plastikkiste fahren?"

„Schwer zu sagen", antwortete ich wahrheitsgemäß. „Auf alle Fälle, bis wir das Geld für einen neuen zusammen haben."

„Also nicht mehr in diesem Jahrtausend", stichelte Felix.

Trotz der robusten Bauweise des Trabants, den besonders Sparsamkeit und Langlebigkeit auszeichnen, gab eines Tages mein kleines, stets von mir liebevoll gehätscheltes Trabilein seinen Geist auf. Erst hustete er wie ein an chronischer Bronchitis erkrankter Raucher im Endstadium, dann spuckte er wie ein jugendlicher Rotzlöffel und schließlich ging er in den Beamtenstatus über – er rührte sich überhaupt nicht mehr.

Verzweifelt und total hilflos stand ich neben dem Meister, der den Motorraum auf Herz und Getriebe überprüfte. Dann klemmte er sich hinters Steuer, ließ den geplagten Zweitaktmotor schmerzhaft aufheulen, würgte den ersten Gang ins knirschende Getriebe und galoppierte eine Runde um den Hof. So ungefähr stellte ich mir immer Rodeo vor.

„Getriebeschaden!", stöhnte der Meister, nachdem er sich aus dem Wageninneren geschält hatte. Seine Miene verriet keinerlei Regung. So eine Gefühlskälte war mir bisher noch nie begegnet.

„Schaffen Sie das noch diese Woche?", fragte ich zögerlich.

„Ha, diese Woche! Sie denken wohl, wir sind nur für Sie da! Unter drei Wochen läuft nichts, höchstens Sie selbst!"

Drei Wochen ohne mein geliebtes Gefährt. Unfassbar! Während solcher entbehrungsreichen Zeiten gleiche ich einem unbeweglichen Psychopathen. Attribute, die auf die furchtbare Silbe -los enden, treffen plötzlich auf mich zu. Lustlos, fantasielos, ziellos zählen da wohl noch zu den harmlosesten.

„Ich brauche mein Auto aber beruflich", versuchte ich einen letzten Umstimmversuch. Zwecklos!

„Ach, Sie denken wohl, andere brauchen das nicht!"

„Und wenn ich Ihnen das Doppelte für die Reparatur bezahle? Sozusagen als Eilzuschlag!", wagte ich einen allerletzten Versuch. Nutzlos!

„Und wenn Sie mir ...", schrie er wütend, unterbrach

sich aber abrupt, weil neben uns ein VW Passat zum Stehen gekommen war.

Der Meister sprang zu dem Wagen, öffnete geschwind die Fahrertür und verneigte sich vor dem mit Anzug und Krawatte bekleideten Herrn. Dieser maß ihn mit einem geringschätzigen Blick, drückte ihm die Schlüssel in die Hand und sagte: „Wann kann ich den Wagen wieder abholen?"

„Selbstverständlich heute Abend, Herr Reichert."

Herr Reichert nahm seinen Aktenkoffer vom Rücksitz und verließ erhobenen Hauptes den Hof.

Und wie ich ihm so träumend hinterherblickte, fuhr mich plötzlich dieser Werkstattmeister barsch von der Seite an: „Nun verschwinden Sie endlich! Sie sehen doch, dass wir hier alle Hände voll zu tun haben!"

Ich nahm die Aldítüte von der Rücksitzbank meines Trabis und verließ gesenkten Hauptes den Werkstatthof. Ich fühlte mich klasse, leider nur dritter Klasse.

Für die nächsten Tage besorgte ich mir einen Leihwagen, einen nagelneuen VW Polo, und stellte bereits nach den ersten Kilometern einen angenehmen Unterschied fest, der meine Liebe zum Trabi zumindest in bedenkliche Bahnen lenkte.

Als ich den Wagen am Abend auf dem heimatlichen Parkplatz abstellte, straften mich die bösen Blicke meines Nachbarn, der gerade aus seinem angerosteten Ascona kletterte. Neidisch begleitete er jede meiner betonten Bewegungen. Hätte es sich um vertonte Bewegungen gehandelt, wären sie mit Sicherheit Vivaldis „Vier Jahreszeiten" gleichgekommen.

Nachdem ich den Wagen abgeschlossen hatte, ließ ich im Weggehen zärtlich meine Hand übers Polodach gleiten. Die Wut fraß Felix fast auf. Ich fühlte mich für die Schmach am Morgen einigermaßen rehabilitiert.

Am Freitagnachmittag musste ich den Polo zur Verleihfirma zurückbringen. Als ich aus der Haustür trat, rollte gerade mein Nachbar mit einem gebrauchten Golf an mir vorüber, wobei er mit einer arroganten Überheblichkeit seinen linken Arm hob, um mich derart auffallend zu grüßen, dass ich nicht umhinkam, es nicht zu bemerken.

Ich blieb wie angewurzelt auf der letzten Stufe stehen und sah seinen Rücklichtern nach. Er parkte unweit von unserem Hauseingang. Schon beim Aussteigen versicherte er sich, dass ich ihm auch ja ausreichend Aufmerksamkeit widmen würde. Ich widmete sie ihm, denn ich platzte bald vor Neugier, was er wohl als Nächstes anstellen würde. Hämisch grinsend äffte er mein Dachstreicheln nach. Das war für mich der Gipfel der Geschmacklosigkeit, und ich schwor wütend Rache.

Auf dem Parkplatz der Mietwagenfirma lachte mich ein fabrikneuer Golf an.

„Den möchte ich für eine Woche haben!", sagte ich zum Vermieter, der sofort geschäftstüchtig zum Vertrag griff.

Mein Nachbar zitterte am ganzen Leib, als ich majestätisch vor unser Haus rollte. Ich grüßte ihn mit einem fetten Grinsen, wobei ich meinen linken Arm ausstreckte und dabei nicht vergaß, den Daumen abzuspreizen – super Wagen. Er begriff sofort den tieferen Sinn meines Zeichens und stieg wutschnaubend in seinen alten matt glänzenden Golf.

Ein paar Tage später trafen wir uns zufällig im Treppenhaus. Er grüßte verdächtig freundlich und trug ein überlegenes Lächeln zur Schau.

„Wie bist du denn mit deinem Golf so zufrieden?",
wollte er wissen.

„Ein ganz fantastischer Wagen, wirklich, ich bin schwer
beeindruckt."

„Das freut mich für dich", heuchelte er und fügte in
seiner unverschämt arroganten Art hinzu: „Weißt du, für
mich ist ja der Golf etwas zu klein. Ja, ich bekomme regelrecht Platzangst in ihm."

„Aber, aber ...", stotterte ich, und er weidete sich an
meiner Hilflosigkeit. „Du hast doch selbst einen ..."

„Ich habe aber das größere Auto!"

„Hatte, hatte, mein Lieber."

„Aber ich habe dich doch erst gestern Nachmittag damit wegfahren sehen."

„Richtig, aber nur um meinen neuen Wagen zu holen. Einen Passat, nagelneu, versteht sich."

Die Woche mit dem Golf war die Hölle. Nicht, dass ich mit dem Auto nicht zurechtgekommen wäre. Aber ich wurde das beklemmende Gefühl nicht los, wie bei einem Wettrennen, bei dem einem der größte Kontrahent stets zwei Schritte voraus ist.

Tapfer harrte ich die Woche aus. Schon der Gedanke an den kommenden Montag trieb mir das Adrenalin durch meinen geschundenen Körper. Ich hatte mich bei der Mercedes-Niederlassung für eine C-Klasse vormerken lassen, natürlich nur als Mietwagen.

Als ich mit dem Daimler vorfuhr, wusch Felix gerade seinen Passat. Ehe ich ausstieg, ließ ich die Fenster elektrisch hoch- und die automatische Antenne einfahren. Ohne ihn auch nur eines Blickes zu würdigen, schlug ich halb im Weggehen die Tür zu, blieb nach zehn Schritten stehen, als hätte ich etwas vergessen, drehte mich um und hielt den Autoschlüssel mit ausgestrecktem Arm zum Daimler hin. Vom zarten Knopfdruck, wie beim Fernzünder einer Sprengladung, hörte man deutlich das leise Surren der Zentralverriegelung. Oh, Wunderwerk der Technik!

Die friedliche Ruhe der nächsten Tage war trügerisch. Felix Stürzler begegnete mir mit einer distanzierten Höflichkeit. Ich spürte bis unter die Haarwurzeln, dass sich etwas zusammenbraute. Das war auch der Grund, warum ich sofort wusste, wem der weiße Mercedes 300 SEL gehörte, der plötzlich vor unserem Haus parkte und der überhaupt nicht in unser Viertel passte.

Eine graue Postkarte beendete unseren nachbarschaftlichen Wettstreit. Ich konnte meinen geliebten und vermissten Trabi aus der Werkstatt abholen und staunte nicht schlecht, als ich eine Polizeistreife vor unserem Haus stehen sah.

Zwei Beamte mit dienststrengen Gesichtern traten gerade, meinen Nachbarn wohlbehütet in ihrer Mitte, aus der Haustür. Als er mich aus meinem Trabi steigen sah, sackte er ohnmächtig zwischen den uniformierten Beamten zusammen. Felix hatte seine Konten hoffnungslos überstrapaziert. Danach konnte er sich gerade mal einen gebrauchten Trabi leisten, und der war genau ein Jahr älter als meiner.

Die Voranmeldung für den Mercedes 500 SEL sagte ich telefonisch ab!

Pleite im letzten Akt

Obwohl ich mich bereits als dreijähriger Rotzlöffel für die süßen Mädchen meiner Krabbelgruppe interessierte, wichtige Hintergrundinformationen blieben mir vorenthalten. Beim kollektiven Sommerbaden im Planschbecken wunderte ich mich jedes Mal, warum einige Kinder unterrum lediglich diesen Längsschlitz hatten, der mich an die Rückseite meines Sparschweins erinnerte. Als Knirps hielt ich das für eine verheilte Wunde mit einer hässlich zurückgebliebenen Narbe. Keiner wollte mir erklären, woher diese merkwürdigen Verletzungen stammten. Auch später wollte niemand mit mir darüber sprechen. Dieser Zustand kommt dem Erwerb eines technischen Gerätes gleich, bei dem einem die Bedienungsanleitung fehlt. Man kann daran herumspielen, bringt aber nichts Nützliches zuwege.

Mein Vater war der festen Überzeugung, die beste Aufklärung sei die, die man durch eigene Erfahrung macht. Für mich als heranreifender Jugendlicher war das eine Flucht aus der Verantwortung, denn die daraus resultierenden Konsequenzen hätte *ich* und nicht mein Vater zu ertragen gehabt.

„Vater", flehte ich ihn deshalb an, „bitte, klär mich auf!"

„Nein, niemals!", erwiderte er mit der Entschlossenheit eines Oppositionspolitikers.

„Ich möchte aber gern wissen, wie's gemacht wird."

„Das wirst du noch zeitig genug herausfinden."

„Wie? Vater, bitte sag mir, wie!"

„So viele Möglichkeiten gibt es gar nicht", wich er mir aus.

„Aber ich kenne ja noch nicht mal eine einzige."

„Vertrau deinem Instinkt!", riet mir Vater.

Ich schlich in mein Zimmer, zog mich aus und vertraute darauf, dass mir mein Instinkt die gewünschten Informationen zukommen lassen würde. Aber nichts geschah. Ich sah an mir herab und musste feststellen, dass wieder einmal alles an mir hängen blieb. Mir kam die Idee, meine Mutter zum Thema Sex zu konsultieren.

„Du, Mutti, kann ich dich mal was fragen?", begann ich vorsichtig, während sie Zwiebeln schälte.

„Hast du Schwierigkeiten in der Schule?", antwortete sie mit einer Gegenfrage.

„Nein, nein, in der Schule ist alles okay!"

„Wo drückt denn dann der Schuh?"

„Ich möchte ... ich möchte gern, dass ...", stotterte ich.

„Mehr Taschengeld? Kommt nicht infrage! Wenn du mit Geld nicht vernünftig umgehen kannst, dann ist das dein Problem!"

„Ich will nicht mehr Taschengeld", antwortete ich, obwohl ich schon gern mehr gehabt hätte.

„Du bekommst auch keinen eigenen Fernseher!", stellte Mutter gleich klar.

„Ich will auch keinen Fernseher."

„Es gibt auch keine Musikanlage, kein Moped und kein ..."

„Mutter!", schrie ich und erschrak über meine eigene Courage. Einen Moment tat sie mir direkt leid, wie sie mit verheulten Augen vor dem Häufchen geschnittener Zwiebeln stand.

„Ich möchte doch nur, dass ihr mich aufklärt!", bat ich sie in einem versöhnlichen Ton.

„Aufklären? Über was?", wunderte sie sich und schob mit dem großen Küchenmesser die Zwiebeln in den Topf.

„Na ja, wie es so gemacht wird."

„Wie was gemacht wird?"

„Das wollte ich ja gerade von dir erfahren."

„Ach, du meinst ...", Mutter stockte der Atem, „... wie man, also ... Kinder und so ..."

„Ja", atmete ich erleichtert auf.

„Frag das deinen Vater! Ist ohnehin sein Lieblingsthema."

Jetzt wundere ich mich auch nicht mehr, dass in Deutschland die Geburtenrate ständig weiter zurückgeht. Der Gesetzgeber sollte endlich eingreifen und die Eltern via Gesetz zur Aufklärung zwingen. Wo kommen wir denn hin, wenn wir alles dem Zufall überlassen? Lieber mehr wissen, als zu wenig können. Ich wusste weder das eine, noch konnte ich das andere.

Als ich Eva kennenlernte, war ich siebzehn und sie bereits sechzehn. Es war Liebe auf einen der ersten Blicke, aus denen wir uns anfangs immer wieder verloren. Zu dicht war das Gedränge, das in der rauchgeschwängerten Disco herrschte. Nach der Veranstaltung verkrochen wir uns in eine dunkle Ecke, eng umschlungen und in wilder Leidenschaft küssend. Wenigstens das konnte ich. Allerdings für jemanden wie mich, der die Ferien stets bei seiner Großmutter verbringen musste, auch keine große Leistung.

„Bringst du mich noch nach Hause?", hauchte mir Eva zärtlich ins Ohr.

„Klar doch!", erwiderte ich mannhaft.

„Du bist so süß", schmeichelte sie. „Allerdings küsst du wie meine Großmutter!"

„Äh ...", stammelte ich verlegen, „... wie meinst du das?"

„Magst du denn keine Zungenküsse?"

„Küssen mit der Zunge?", antwortete ich angeekelt.

„Zungenküsse sind das Geilste, was es gibt", schwärmte Eva und fragte mich: „Hast wohl noch nie ein Mädchen geküsst?"

„Du ... ich ... wie, na ja ... wie soll ich ... ich meine ...", stotterte ich.

„Komm schon! Hast du oder hast du nicht?"

„Nein, du bist die Erste."

„Dann bist du ja quasi Jungfrau", schmunzelte sie und war die Seligkeit in Person.

Ich legte meinen Arm um ihre schmale Taille, und so schlenderten wir einträchtig durch die laue Nacht. Eine Nacht, nur gemacht für Verliebte und für Dreibeiner, die ihre Vierbeiner Gassi führten.

Eva wohnte in einem ordentlichen und vornehmen Villenviertel. An der Haustür versuchte sie, mich ordentlich vorzunehmen, indem sie mir durch mein damals noch volles Haar strich und plötzlich wie eine Besessene alle Hautpartien meines Gesichts ableckte, als wäre mein Kopf eine Schöller-Eiskugel.

Nachdem kein Fleckchen meiner jungfräulichen Gesichtshaut von ihren feuchten Lippen verschont geblieben war, tropfte mein Gesicht wie in der Dampfsauna. Eva ging immer heftiger zur Sache. Dann nahm sie sich wieder meinen Mund vor, mit einer stürmischen Leidenschaft, wie man sie selbst im Jugendfilm „Und nächstes Jahr am Balaton" nicht zu sehen bekommt. Plötzlich spürte ich etwas Bohrendes, etwas, das versuchte, sich in meine Mundhöhle zu schieben. Entsetzt stellte ich fest, dass es Evas klebrige Zunge war und auf diese Weise ein durchgekauter Kaugummi seinen Besitzer wechselte.

„Komm mit zu mir hoch!", hauchte Eva, wobei sie mir am Ohrläppchen knabberte.

„Und deine Eltern?", fragte ich und spuckte unauffällig den Kaugummi hinter einen Strauch.

„Sind im Urlaub."

„Ach, ich weiß nicht", druckste ich herum. „Was wollen wir denn bei dir da oben machen?"

„Vielleicht fällt dir ja was Schönes ein", antwortete sie und griff mir in den Schritt. Wahrscheinlich wollte sie gucken, ob der Reißverschluss geschlossen war.

„Aber es ist schon spät. Außerdem bin ich hundemüde", wich ich ihrem Drängen aus und gähnte wirkungsvoll.

„Du kannst bei mir schlafen."

Das war mehr als eine Einladung, bloß verstand ich das damals noch nicht, und so fragte ich sie: „Habt ihr denn ein Bett für mich?"

„Du schläfst in meinem Bett."

„Und wo schläfst du?"

„Auch in meinem Bett. Wir schlafen zusammen."

„Zusammen?"

In diesem Moment fühlte ich mich wie ein Herzpatient, dem der Schrittmacher ausgefallen war. Die Pein, dass so überraschend die Stunde gekommen sein sollte, in der ich dringend des Wissens der Aufklärung bedurfte, schnürte mir die Kehle zu. Am liebsten wäre ich geflüchtet. Aber irgendetwas hielt mich zurück. Mein kleiner Freund, der so viel vom Sex wusste wie ein Schulanfänger vom ABC, war es mit Sicherheit nicht.

Wie Rekruten vorm Zapfenstreich hatten wir neben ihrem Bett Aufstellung genommen. Eva streifte ihre Bluse ab und ließ diese knisternd hinter sich zu Boden fallen. Dann knöpfte sie mein kurzärmliges Hemd auf und zog es mir über die Schulter. Auch mein Kleidungsstück segelte unbeachtet zu Boden, der, wie ich in diesem Moment hoffte, staubfrei war. Dann entledigte sie sich ihres Unterhemdes und befreite mich von meinem.

Auch als wir, nur noch mit Slip bekleidet, uns gegenüberstanden, regte sich nichts in und an mir, weil ich einfach über jene Abläufe nichts wusste, die einen aufgeklärten Mann zum Wahnsinn getrieben hätten.

Wir lagen eine ganze Weile still nebeneinander, Schulter an Schulter, und starrten zur Decke.

„Ich möchte mit dir schlafen!", flüsterte Eva erwartungsvoll.

„Fein, ich auch", antwortete ich, weil ich keine weitere Bedeutung für das Wort „schlafen" kannte.

„Dann fang endlich an!", zischelte sie gierig.

„Ich hab doch die Augen schon fest geschlossen."

„Du musst dich auf mich legen!"

„Warum?"

„Na, weil es wird so gemacht."

„Aber das ist doch viel zu unbequem", sagte ich. „Außerdem bin ich viel zu schwer, um die ganz Nacht auf dir zu verbringen."

„Du sollst doch nicht die ganze Nacht auf mir liegen. Nur für so lange, wie …"

Es blieb einfach unausgesprochen. Aber wenn sie es gern wollte, dachte ich, dann erfüllst du ihr eben diesen Wunsch. Vorsichtig, wie ein Bergsteiger, der in dreitausend Meter Höhe an einer Felswand klebt, schob ich mich Stück für Stück auf ihren wohlgeformten, warmen Körper.

Auch der enge Hautkontakt löste in mir nicht das aus, was die Natur für derartige Fälle vorgesehen hat. Mir aus heutiger Sicht absolut verständlich. Man kann einen Fahrschüler nicht ans Steuer setzen und zu ihm sagen: „Fahren

Sie erst einmal! Den Rest lernen Sie später." Gewisse Grundkenntnisse sind da schon zwingend erforderlich.

„Was wird denn nun?", drängte Eva.

„Was soll denn sein?", erwiderte ich.

„Ich warte!", stöhnte sie ungeduldig.

„Ich auch!"

„Sag mal", fuhr sie auf und drückte mich mit beiden Händen an den Schultern hoch, „heißt das etwa, du hast kein bisschen Ahnung?"

„Von was denn?"

„Na ja, wie man eben ... also, mit einer Frau und so ...?"

„Nein, tut ... tut mir leid ... wirklich", stammelte ich verlegen und brach heulend über ihr zusammen.

„Das braucht dir doch nicht leid zu tun", sagte Eva verständnisvoll und streichelte mir über den Kopf, den sie sanft gegen ihre entblößte Brust drückte.

„Ich ... ich bin ... bin ein Versager!", schluchzte ich.

„Unsinn! Ich möchte wetten, deine Eltern haben dich nicht aufgeklärt."

„Stimmt!", schrie es aus meiner gedemütigten Seele. „Und du bist ... du bist jetzt ... ziemlich sauer auf mich."

„Quatsch! Ganz und gar nicht", tröstete sie mich.

„Vielleicht können wir ja die Sache doch noch zu einem guten Ende bringen", kam mir plötzlich eine erlösende Idee.

„Wie denn?"

„Weißt du, meine Eltern haben so ein Buch, in dem alles genau beschrieben steht. So eine Art Bauanleitung für Mann und Frau. Vielleicht haben deine Eltern auch so etwas."

„Ja ... so ein Buch haben sie."

„Prima!", rief ich erleichtert. „Dann machen wir es Schritt für Schritt, wie's im Buch steht."

Ich hatte meinen Satz kaum ausgesprochen, als Eva plötzlich in einen hysterischen Schreikrampf ausbrach.

„He, was ist denn los mit dir?"

„Meine Eltern … sie haben das Buch … das Buch mit in den Urlaub genommen."

„… dann wirst du kurzatmig, bekommst gläserne Augen und kein vernünftiges Wort heraus!"

Die Frischzellenkur

Eines Tages, als ich mich mit hängendem Kopf und Schultern die Treppen zu unserem Hauseingang hochquälte, durchzuckte mich plötzlich ein Stromschlag von mindestens zehntausend Volt. Eine Mischung aus Pamela Anderson und Claudia Schiffer, nicht älter als zweiundzwanzig und mit langen, blonden Haaren, stand vor dem Aufzug. Meine Schultern strafften sich und mein Brustkorb schwoll an, sodass fast die Hemdknöpfe absprangen.

Ich grüßte die schöne Unbekannte mit stockendem Atem. Sie erwiderte meinen Gruß. Ihre Stimme war so sanft wie das Rascheln von Seide. Von ihrer Erscheinung geblendet, bemerkte ich gar nicht, wie wir gleichzeitig in den Aufzug traten, sodass sich unsere Körper in der schmalen Tür verkeilten. Die junge Frau sah in dem engen Körperkontakt keineswegs einen plumpen Annäherungsversuch. Im Gegenteil. Mit einem charmanten Lächeln sagte sie, wobei sie mich verführerisch anschaute: „Tut mir leid! War dumm von mir."

„Keineswegs!", versicherte ich eilig. „Ich hätte Ihnen natürlich den Vortritt lassen müssen."

„Ist schon in Ordnung", meinte sie verständnisvoll und fragte: „In welche Etage müssen Sie denn?"

„Ganz hoch", antwortete ich und starrte gebannt auf die Knopfleiste ihrer Bluse.

„Sie wohnen auch ganz oben?", sah sie mich erstaunt an, und es klang eher nach einer Feststellung als nach einer Frage.

„Heißt das, Sie wohnen hier?"

„Ja, seit einem Monat."

„Da sind wir ja sozusagen Nachbarn", stellte ich, gerade als sich die Aufzugstür öffnete, begeistert fest.

„Freut mich! Ich bin Frau Kleinweinstein. Sie können aber ruhig Sabine zu mir sagen."

Wir gaben uns die Hand und schüttelten sie lange und intensiv.

„Mein Name ist Levin. Sie können aber ruhig Uwe zu mir sagen. Wenn Sie Probleme haben, welcher Art auch immer, ich bin Tag und Nacht für Sie da."

„Hoch oder runter?"
„B...b...beides, beides!"

„Mit wem hast du denn so lange im Hausflur gequatscht?", erwartete mich meine Frau, die Fäuste in die Hüften gestemmt.

„Mit unserer neuen Nachbarin", sagte ich und versuchte meine Stimme so belanglos wie möglich klingen zu lassen. „Sie ist wirklich ein nettes Persönchen."

„Ach, ein nettes Persönchen?", zischte meine Frau giftig. „Dass diese Schlampe seit zwei Wochen die Treppe nicht gemacht hat, hast du wohl noch nicht bemerkt?"

„Sie muss sich erst eingewöhnen", nahm ich Sabine in Schutz und konterte: „Als wir eingezogen sind, hast du ja anfangs die Treppe auch nicht gemacht."

„Das war was ganz anderes!", schniefte meine Frau wütend und verschwand in der Küche.

Ein paar Tage später klingelte es bei uns, und während ich weiter den Wirtschaftsteil studierte, schaute meine Frau nach, wer unsere morgendliche Stille zu stören wagte. Ich konnte zwar die Worte nicht verstehen, doch an der Melodie der Stimme erkannte ich Sabine aus der gegenüberliegenden Wohnung.

„Uwe!", rief meine Frau. Ihr Ton klang wenig begeistert.

„Jaha", rief ich, bemüht, meine Erregung zu verbergen. „Was gibt's denn so Wichtiges?"

„Hier wird dein Typ verlangt!"

Ich kam wie ein Windhund angeschossen, sodass ich kurz vor der geöffneten Wohnungstür eine Vollbremsung hinlegen musste.

„Ach, unsere neue Nachbarin!", tat ich erstaunt. „Nett, dass Sie mal bei uns vorbeischauen."

Der Blick meiner Frau verriet, dass wir geteilter Meinung waren.

„Was führt Sie denn zu uns?", fragte ich Frau Klein-weinstein, wagte nicht, sie mit ihrem Vornamen anzu-sprechen.

„Ich wollte Sie um einen kleinen Gefallen bitten!"

„Ach, fallen Sie nur, fallen Sie nur!", scherzte ich über-schwänglich und hatte völlig die Anwesenheit meiner Gattin vergessen.

„Wenn ich Ihnen natürlich Unannehmlichkeiten berei-te ...", wich Sabine aus.

„Ach wo, ganz bestimmt nicht."

„Ich habe Auslegware gekauft", erklärte sie, „aber keine Ahnung, wie man so einen Teppichboden verlegt. Wenn Sie ... ?"

„Selbstverständlich", antwortete ich leichtfüßig und hatte schon einen Fuß über der Schwelle, als ich plötzlich einen festen Griff am Hosenbund spürte.

„Und was wird aus meinem Badezimmerschrank, den du schon seit Monaten aufhängen willst?", warf meine Frau unpassend dazwischen.

„Nächste Woche hänge ich ihn auf."

„Wenn du so weitermachst", drohte meine Frau, „hän-ge ich dich auf! Aber da warte ich nicht erst bis nächste Woche."

„Ihre Frau hängt sehr an Ihnen", hauchte mir Sabine ins Ohr, als sie ihre Wohnungstür hinter uns geschlossen hatte.

„Kümmern Sie sich nicht um ihr Geschwätz!", riet ich der Schönen. „Sie erzählt viel, wenn der Tag nur lang ge-nug ist."

Frau Kleinweinstein führte mich in ihr Wohnzimmer, in dem alles noch ziemlich provisorisch aussah.

„Ich bin noch beim Einrichten", entschuldigte sie sich.

Sie zeigte mir die Teppichrolle, drückte mir ein Messer in die Hand und fragte: „Geht das hier?"

Ich nahm das Messer, strich mit dem Daumen über die Schneide und sagte mit hochgezogenen Brauen: „Ich denke schon, es ist ja genauso scharf wie ich."

Obwohl ich noch nie in meinem Leben Teppichboden verlegt hatte, gingen mir die erforderlichen Arbeitsschritte erstaunlich gut von der Hand. Was männliche Triebe doch für ungeahnte Fähigkeiten und Fertigkeiten freisetzen können.

In den nächsten Tagen und Wochen renovierte ich Sabines ganze Wohnung. Ich tapezierte die Wände, weißte die Decken, brachte Gardinenvorrichtungen an, hängte Lampen auf, flieste ihr Badezimmer und montierte eine Duschkabine. Wann immer ich eine Arbeit beendet hatte, fragte mich Sabine nach meinem Lohn, und ich antwortete: „Ich bitte dich Sabine, für dich tue ich das doch alles aus freien Stücken."

Inzwischen waren wir beim Du, was wir mit einem langen Bruderschaftskuss und einer Flasche Sekt gefeiert hatten. Und auch nach jeder weiteren Erneuerung in ihrer Wohnung zahlte sie mich stets mit einem Kuss aus, der von Mal zu Mal heftiger und leidenschaftlicher wurde. Diese verheißungsvolle Affäre brachte bei mir immer neue und kreativere Vorschläge zur Verbesserung ihrer Wohnqualität hervor. Wenn sie einverstanden war, gab es für mich wieder einen Berg Arbeit und danach einen langen, zärtlichen Kuss.

Auch wenn ich nach jeder Aktion frustrierter wurde, denn außer einem Kuss gewährte mir Sabine keinen weiteren Zutritt zu ihrem makellosen Körper, hatte ich dennoch immer wieder neue Vorschläge zu Renovierungsarbeiten.

Eines Tages, ich war gerade dabei, Löcher für ein paar Dübel zu bohren, an denen ich ein selbst getischlertes Bücherregal aufhängen wollte, klingelte es an Sabines Tür. Ich dachte sofort, es wäre meine Frau, und bekam es mit einer panischen Angst zu tun. An der Wohnungstür schien aber niemand zu sein, denn ich hörte, wie Sabine sie wieder einklinkte.

Sie nahm den Hörer der Wechselsprechanlage, und ich hörte sie sagen: „Ja, wer ist denn da?"

Die Sprechanlage war versehentlich auf Mithören geschaltet, sodass ich deutlich eine männliche Stimme erkannte, die laut und deutlich fragte: „Hallo, Mausi, hier ist dein Jürgen. Ist dein bekloppter Nachbar schon fertig mit unserer Wohnung?"

Strafe muss sein!

Die Verbannung auf die brettharte Couch *Dagmar*, Honeckers letzte Rache, hätte ich nach meinem misslungenen Seitensprung mit unserer neuen Nachbarin Sabine Kleinweinstein noch verkraftet. Als mir meine Frau jedoch einen Zettel mit einigen Uhrzeiten vorlegte, verlor ich fast den Verstand.

„Was soll das?", fragte ich, von der Situation mehr überfordert als überrascht.

„Deine Essenszeiten!", erwiderte sie eisig.

Ich weigerte mich partout, diesen Unfug zu glauben. „Frühstück zwischen 5 und 6 Uhr", las ich auf dem Zettel.

„Ich frühstücke nie so zeitig", protestierte ich.

„Mir egal", schmetterte sie meinen Einwand ab.

„Und überhaupt, warum essen wir nicht mehr gemeinsam?"

„An unserem Tisch dulden wir keine Ehebrecher!"

Mir verschlug es fast die Sprache, sodass ich gerade einmal zu einem aussagelosen „Aber ... aber ..." fähig war.

„Kein Aber!", entgegnete meine Frau resolut. „Ich kann in der Nähe meiner Tochter keinen unbeherrschten Lüstling akzeptieren. Ich erwarte von dir Nichtsnutz, dass du das respektierst!"

„Das kannst du mir doch nicht antun", winselte ich um Gnade.

„Strafe muss sein!", blieb sie hartherzig.

Beim zweiten Blick auf den Zettel las ich: „Abendbrot zwischen 21 und 22 Uhr."

„Warum so spät?", jammerte ich.

„Alternativ könnte ich dir noch fünfzehn bis sechzehn Uhr anbieten", zeigte sie sich zumindest kooperativ.

Dass sie mich komplett von der Mittagsversorgung ausschloss, ging dann doch zu weit. In jeder Ehe gibt es Spannungen, deren Lösungen mitunter für jede Partei spannend sein können. Aber die einzige warme Mahlzeit wollte ich mir nicht vom Munde nehmen lassen. Schließlich führte ich keine Ehe mit Halbpension.

„Hier fehlen die Mittagszeiten", sagte ich und tippte auf ihren Zettel.

„Du zügellose Sexbestie erwartest doch nicht etwa, dass ich auch noch für dich koche. Geh in deine Kneipe essen!"

„Weißt du, wie das ins Geld geht?"

„Ist ja nicht mein Geld."

„Was soll das heißen?" Ich wurde kreidebleich.

„Ich habe unsere Konten aufgelöst."

Mir wurde schwarz vor Augen, und im nächsten Moment brach ich ohnmächtig zusammen. Ich weiß nicht mehr genau, wie lange ich wie ein ausgewrungener Scheuerlappen auf dem Teppich gelegen habe. Erst ein paar Spritzer lauwarmen Wischwassers mitten ins Gesicht weckten wieder meine müden Lebensgeister. Meine Frau war auf dem Weg ins Wohnzimmer über meine Beine gestolpert, dabei ins Straucheln geraten und hatte einen Schwapp Wischwasser über mich ergossen.

„Du kannst doch nicht so ohne Weiteres über unsere Konten verfügen!", schrie ich aufgebracht. Ich fühlte mich wie ein insolventer Unternehmer, der eben von der gigantischen Unterschlagung seines korrupten Prokuristen erfahren hat.

„Jetzt zeigst du deine wahre Fratze!", fauchte sie wie eine Hyäne. „Du warst doch immer nur scharf auf dein Geld!"

Meine Frau stellte den Eimer aufs Fensterbrett. Einen

„Der Stürzler ist seiner Alten durchgebrannt und hat dabei
sogar seine Schuhe vor unserer Tür vergessen!"

kurzen Augenblick verspürte ich beim Anblick der weit
geöffneten Fenster lüsterne Mordgedanken. Haushalts-
unfall! Bedauerlich, aber ein paar Hundert arme Frau-
en kommen jedes Jahr in Deutschland auf diese Weise
zu Tode. Inzwischen war sie zur Wohnwand hinüber-
gegangen, hatte aus einem der Fächer ein dunkelblaues
Sparbuch gezogen und warf es mir vor die Füße. „Hier,

du geiler Casanova! Eigentlich bist du nicht einmal das wert", schniefte sie verächtlich.

Hastig blätterte ich in dem dünnen Büchlein, und als meine feuchten Augen den Kontostand erblickten, wäre ich fast wieder in Ohnmacht gefallen.

„Bitte, sei doch nicht so herzlos!", flehte ich sie an. „Nach all den schönen Jahren, die wir gemeinsam verbracht haben."

„Fragt sich nur, für wen sie schön waren!", lachte sie höhnisch und behandelte mich von nun an wie schlechte Luft.

Ich richtete mich in meinem neuen Leben ein, so gut es eben ging, und kam mit der Zeit immer besser zurecht. Auch mein an weiche Matratzen gewöhnter Rücken hatte sich mit der unbequemen Couch arrangiert. Nur das zeitige Frühstück bereitete mir noch einige Magenschmerzen.

Ein paar Tage nach meinem internen Wohnungsumzug traf ich Sabine Kleinweinstein vor dem Aufzug. Natürlich verschwieg ich meine Ehetragödie, auch wenn sie Andeutungen machte, die zumindest darauf schließen ließen, dass sie etwas ahnte. Plötzlich sagte sie: „Ich habe mich auch zerstritten, mit meinem Freund." Ich war echt angenehm überrascht, spekulierte auf eine einmalige Chance, wie ein Rüde, der eine läufige Hündin wittert.

„Hat er dich betrogen?", fragte ich, denn eine passendere Frage fiel mir in diesem Moment nicht ein.

Sabine warf sich an meine starke männliche Brust, die regelrecht danach gierte, Trost und Geborgenheit zu spenden. Ich hielt sie in meinen Armen, während der Aufzug unaufhaltsam nach oben ruckelte.

„Sie sind so verständnisvoll und warmherzig", schmeichelte sie mir, und ihre Worte rutschten runter wie Öl-sardinen.

„Wir waren aber schon einmal beim *Du*!", erinnerte ich Frau Kleinweinstein und gab ihr einen zärtlichen Nasen-stüber.

„Du bist so lieb", hauchte sie und zog mich in ihre Woh-nung.

„Ich tue nur meine nachbarschaftliche Pflicht", dämpf-te ich ihre Lobeshymne.

„Ich mag dich. Du bist ein wahrer Gentleman!", schmunzelte Sabine dankbar. „Weiß übrigens deine Frau, dass du wieder bei mir bist?"

„Ich fürchte ja. Sie hat uns hundertprozentig durch den Spion beobachtet."

„Dann geh lieber, bevor du noch mehr Ärger be-kommst!"

„Ärger? Wieso? Im Moment sieht mich meine Frau doch lieber nur von hinten."

„Euer Streit vor ein paar Tagen", vermutete Sabine.

„Hast du was mitbekommen?", fragte ich und nahm mir vor, nichts auszuplaudern. Ich würde schweigen wie ein verlassenes Ehebett.

„Alles!"

„Alles?"

„Die Wände sind ziemlich dünn!", erklärte Sabine. „Man versteht fast jedes Wort. Am besten mit einem um-gestülpten Trinkglas."

„Dann weißt du jetzt wenigstens, wie es um mich steht", sagte ich und versuchte besonders mitgenommen zu wirken. So was kommt bei Frauen immer gut an, und es verfehlte auch bei Sabine nicht seine Wirkung.

Sie verschwand in der Küche und kam mit einer Flasche

Portwein zurück. Genau meine Marke. Das sagte ich ihr jedenfalls. Für den Tod konnte ich dieses klebrige Gesöff nicht ausstehen. Aber man hat ja Taktgefühl und möchte seine nette Gastgeberin nicht verletzen.

Ich entkorkte fachmännisch die Flasche und schenkte ein. Wir prosteten uns zu und schauten uns dabei tief in die Augen. Nach dem dritten Glas trat ein wässriger Glanz in selbige. Sabine holte eine zweite Flasche.

„Erzähl mir etwas von deiner Frau!“, drängte sie mich.

Die grenzenlose Neugier der Frauen, dachte ich und sagte mit einem leicht unterkühlten Ton: „Sei mir bitte nicht böse, aber darüber möchte ich jetzt nicht sprechen.“

Nach dem siebten Glas taumelte meine Zunge unkontrolliert in der Mundhöhle umher, und ich hörte mich sagen: „Frage mich, was du willst! Von mir erfährst du alles.“

Es wurde sehr spät, weil wir auch noch eine dritte Flasche angerissen hatten.

„Ich ... ich ... gehe jetzt ... jetzt ... schlafen ...“, lallte Sabine mit schwerer Zunge. Sie erhob sich, leicht schwankend, und legte vor meinen Augen ein Kleidungsstück nach dem anderen ab. Sosehr ich auch über meine oberen Sehorgane rieb, ich bekam den Schleier nicht weg. Das war mehr als ärgerlich, besonders als sie graziös aus ihrem Slip stieg. Da entblättert sich vor dir eine junge, attraktive Frau, die alle Rundungen noch an den richtigen Stellen hat, und dir fehlt der Durchblick.

Sabine schlief tief und fest, als ich gegen Mittag mit einem schweren Kopf aus meinem Rausch erwachte. Ich lag auf dem Fußboden und hatte es mir mit einem Kissen und einer Decke bequem gemacht. Beim besten Willen konnte ich mich nicht mehr erinnern, wie dieses Notbett zustande gekommen war. Niedergeschmettert dachte ich an den Vorwurf meiner Frau: „Du machst weder die Betten, noch bringst du darin etwas Vernünftiges zustande!"

Ich schlich in Sabines Bad, machte mich frisch und verließ auf Zehenspitzen ihre Wohnung.

Ich war nicht frei von Schuldgefühlen. Immerhin hatte ich die Nacht in der Wohnung einer anderen Frau verbracht. Und obwohl ich mit meiner Frau in einem scheidungsähnlichen Zustand lebte, fühlte ich mich so miserabel, so schäbig und so niederträchtig.

Behutsam öffnete ich die Wohnungstür, und als ich in den Korridor trat, sah ich etwas, was ich anfangs für eine Fata Morgana hielt und dem übermäßigen Portweinkonsum zuschrieb. Durch die geöffnete Badezimmertür erblickten meine müden Augen unseren Nachbarn Felix Stürzler mit meiner Frau in einer eindeutigen Position.

„Ach, so ist das!", schrie ich, wie es einem gehörnten Ehemann zusteht. „Während ich echte Nachbarschaftshilfe leiste, vergnügt ihr euch hinter meinem Rücken!"

„Uwe", sagte Felix völlig überrascht, „es ist nicht so, wie du denkst."

„Halt dich da raus, du elender Schürzenjäger! Du bist doch für jede Frau zwischen siebzehn und siebzig eine potenzielle Bedrohung."

„Nun halt aber mal die Luft an!", sprang meine Frau wild gestikulierend in die Bresche. „Felix ist nur so nett gewesen und hat den Badezimmerschrank aufgehängt."

„Ach, und dafür musst du dich in seine Arme werfen?", brüllte ich meine Frau an.

„Ich hab mich nicht in seine Arme geworfen", verteidigte sie sich. „Ich hab nur den Schrank gehalten, während Felix ihn angeschraubt hat."

Ihren letzten Satz hörte ich schon nicht mehr, denn ich hatte wütend die Wohnzimmertür hinter mir zugeschlagen. Als ich zwei Stunden später von meinem Ausnüchterungsspaziergang zurückkehrte, war Felix verschwunden.

Nachbarschaftshilfe, richtig verstanden und richtig ausgenutzt, kann mitunter für beide Seiten von Vorteil sein! Endlich hing unser Badezimmerschrank.

Hausschuhe sind ein Scheidungsgrund

Insgeheim war ich froh, dass sich mein alter Kumpel Balthasar Flüster von seiner Frau Sandra getrennt hatte. Mir passte es überhaupt nicht, dass sich unsere Frauen so prächtig verstanden. Wie zwei Glucken hockten sie zusammen. Man konnte nie wissen, was sie als Nächstes ausbrüten würden. Wenn Sandra zu meiner Frau sagte, man müsse Männer zappeln lassen, dann ließ sie mich zappeln. Wenn Sandra behauptete, dass Männer mit einem Bier am Abend auskommen müssten, war ich in den folgenden Wochen dem Verdurstungstode ausgesetzt.

Als Balthasar an seinem Geburtstag vor einem Berg farbenfroh verpackter Geschenke stand, weigerte er sich, der Neugier unserer Frauen zum Trotz, diese zu öffnen. Balthasar war kein großer Freund von Geschenken. Er wollte weder beschenkt werden, noch schenkte er selbst gern etwas.

„Komm, Balthasar, nun mach endlich die Geschenke auf! Ich will sehen, was du bekommen hast", forderte ich meinen Freund auf, nachdem mir meine Frau einen schmerzhaften Rippenstoß versetzt hatte.

Nur widerwillig kam er unserem Verlangen nach und mühte sich an den festen Knoten. Kerstin, die wohl geschickteste Knotenlöserin in Mitteleuropa, sprang ihm hilfreich bei und löste die verknoteten Probleme im Minutentakt. Balthasar bedankte sich mit einem förmlichen Kopfnicken, schlug das Geschenkpapier auseinander und förderte einen Schlafanzug, zwei Reisebücher, einen Pullover, drei Paar Socken, eine Großpackung Mozartkugeln und ein Paar Hausschuhe zutage.

Balthasar griff sofort nach unseren Hausschuhen, hielt

„Ich kann kaufen, was ich will, du hast
immer was zu meckern!"

sie prüfend ins Licht, befühlte das Material und schlüpf-
te schließlich hinein, um ein paar Proberunden durchs
Wohnzimmer zu drehen. Er behielt sie gleich an und
schleuderte seine alten unbeachtet in eine Ecke.

Ein besseres Kompliment kann man für ein gelungenes
Geschenk nicht bekommen. Ich lehnte mich erleichtert
zurück. Kerstin hatte eine vorzügliche Wahl getroffen. Ich
war ja anfangs dagegen gewesen.

Während sich Balthasar mit seinen neuen Hausschuhen beschäftigte, presste Sandra wie versteinert die Hand
auf ihren Mund.

„Um Gottes willen!", schrie sie plötzlich auf, und alle starrten sie entsetzt an. „Das bringt Unglück! Das bringt Unglück!", kreischte Sandra und zitterte am ganzen Körper.

„Was bringt Unglück?", fragte meine Frau und legte mitfühlend ihre Hand auf Sandras Arm.

„Die Haus... – die Haus... – ...schuhe", stotterte Sandra. Sie war leichenblass.

„Das verstehe ich nicht", sagte Kerstin verwundert.

„Wenn ein Mann Hausschuhe geschenkt bekommt,

„Damit du künftig rechts und links unterscheiden kannst!"

rennt er damit seiner Frau davon", erklärte die Unglückliche zögernd.

Ich tauschte mit meiner Frau einen schuldbeladenen Blick.

Flüsters Stube durchzog plötzlich eisiges Schweigen. Da geht es auf einer Totenfeier vergleichsweise turbulenter zu.

„Das habe ich ja noch nie gehört", durchbrach Kerstin die unerträgliche Stille.

„Ich auch nicht", bekräftigte ich die Worte meiner Frau.

„Hör doch auf mit deinem elenden Schwachsinn!", rügte Balthasar seine Angetraute. „Mir gefallen sie."

„In unserer Familie gab es schon drei Scheidungen", beharrte Sandra, „und alle Ehemänner haben zuvor Hausschuhe geschenkt bekommen."

„Im Ernst?", fragte ich ungläubig.

„Auf Hausschuhen muss ein Fluch lasten", vermutete Sandra.

„Das tut uns ... furchtbar leid", stammelte Kerstin, „wenn wir das auch nur geahnt hätten, wir hätten ein anderes schönes Geschenk gefunden."

„Schon gut, schon gut", lenkte Sandra schließlich ein, „das konntet ihr ja nicht wissen."

Auf dem Heimweg beschlossen wir, sofort auf Rasierwasser umzusatteln. Eine Scheidung unserer Freunde hätten wir uns nie verzeihen können.

Anderthalb Jahre später holte uns die Vergangenheit ein, Balthasar und Sandra trennten sich. Die Familienministerin möge uns vergeben!

Dennoch stimmt mich eines nachdenklich: Seit ihrer Scheidung schenkt mir meine Frau zu jedem Anlass Hausschuhe.

Ehe rettet sich, wer kann

Wenn Frauen vor der kümmerlichen Ruine ihrer zerrütteten Ehe stehen, ziehen sie mit verzweifelter Entschlossenheit ihre letzte Trumpfkarte, indem sie ihrem Mann androhen: „Ich ziehe zurück zu meiner Mutter!"

Haben aber jemals die Männer darüber nachgedacht, dass es auch anders geht?

Als Sandra, die erste Frau meines alten Kumpels Balthasar Flüster, nach ein paar Ehejahren begann, zickig zu werden, drohte er ihr: „Wenn du so weitermachst, zieht meine Mutter wieder zu uns!"

Das erste sichtbare Anzeichen einer schleichenden Trennung kündigte sich zwei, drei Monate nach Balthasars Geburtstag an. Möglich, dass es an den Hausschuhen lag, die wir Balthasar geschenkt hatten.

Die Flüsters hatten uns zu einer Gartenparty eingeladen, und wir erschienen pünktlich, nicht nur, weil wir die Flüsters schätzten, sondern vor allem, weil wir total verrückt auf Steaks und Thüringer Grillwürste waren.

Leider machte uns ein mächtiges Sommergewitter einen Strich durch den Grill. Gerade in dem Moment, als sich die glühende Holzkohle in einen feinen weißen Aschemantel hüllte und man gemäß der deutschen Grillvorschrift das schmackhafte Grillgut auflegen soll, öffnete Petrus seine Schleusen. Uns blieb nichts anderes übrig, als Fleisch und Würste in der Pfanne zu brutzeln.

„Gestern hat mir Sandra die Pfanne übern Schädel gehauen", flüsterte Balthasar.

„Nicht möglich!", meinte ich ungläubig.

„Doch! Doch!", beteuerte Balthasar und zeigte auf die Unterseite des ehelichen Schmelztiegels, an dem noch verkrustetes Blut und ein paar dunkelblonde Haare klebten.

„Ich kann das nicht glauben", sagte ich, weil ich das wirklich nicht glauben konnte.

Ich hielt Sandra und Balthasar für ein Traumpaar, geschaffen nach dem biblischen Vorbild Adam und Eva, zwischen denen nie ein böses Wort gefallen sein soll. Trotzdem hatte ich Mühe, Balthasar zu glauben, und so wiederholte ich: „Ich kann das nicht glauben."

„Willst du einen DNA-Test machen lassen?", schrie er gekränkt und streckte mir die Pfanne entgegen.

„Nein, nein, Balthasar", versuchte ich ihn zu beruhigen, „ich glaube dir ja, aber ich kann es einfach nicht begreifen, gerade ihr."

Balthasar zuckte enttäuscht mit den Schultern und spülte die Kampfspuren des letzten Abends mit heißem Wasser ab.

„Weißt du", begann er vorsichtig und legte die ersten Würste in die Pfanne, dass das siedende Fett zischend nach allen Seiten spritzte. „Sandra und ich, ich meine, also wie soll ich dir das erklären, irgendwie läuft es ..."

„Balthasar", fiel ich ihm ins Wort, „das Wasser läuft noch. Mach den Hahn zu!"

„Mann, lass doch das blöde Ding laufen!", kläffte er mich an.

„Ich dachte ja nur ... die Wasserrechnung."

Balthasar räusperte sich kurz und sprach dann weiter: „Sandra hat sich in den letzten Monaten sehr verändert".

„Die neue Frisur steht ihr aber wirklich ausgezeichnet."

„Mit verändert meinte ich mehr innerlich, kapierst du?"

„Ja, natürlich."

„Sandra mäkelt an allem herum. Nichts kann man ihr recht machen. Zu nichts hat sie Lust. Was sind wir früher ins Kino oder ins Kabarett gegangen, haben Ausflüge und Kurztrips gemacht. Und plötzlich – null Bock! Sie hängt träge und gelangweilt rum, und wenn man sie fragt, was eigentlich los ist, wird sie ausfällig und schlägt einem unschuldige Pfannen auf den Kopf."

„Aber sie wirkt jetzt so ausgelassen."

„Warte erst mal, bis ihr gegangen seid, dann musst du sie mal erleben!"

Balthasar wendete die Würste, die bereits auf der Unterseite eine schöne bräunliche Färbung angenommen hatten.

„Wo bleiben denn die Würste?", rief Sandra ungeduldig aus dem Wohnzimmer.

„Drei Minuten noch", antwortete Balthasar. „Mach mal die Tür zu. Sonst zieht der ganze Bratendunst in die gute Stube."

Ich führte den Auftrag aus. Jetzt waren wir unter uns, und er konnte ungestört weitererzählen.

„Morgen beginnt Phase eins meines Plans", erklärte er und sah mich erwartungsvoll an.

„Phase eins?", wunderte ich mich.

„Androhung, dass meine Mutter zu uns zieht."

„Balthasar", rief ich geschockt. „Bei allem, was recht ist, aber das tut man seinem ärgsten Feind nicht an."

„Ich verrate ja Sandra nicht, dass sie zu uns zieht. Sie besucht uns halt bloß für längere Zeit."

„Und was verstehst du unter längerer Zeit?"

„Es gibt zwei Möglichkeiten, entweder bis Sandra vernünftig oder verrückt wird."

„Und was ist mit Phase zwei?", wurde ich neugierig.

„Hatte ich dir schon gesagt, dass meine Mutter
kurz vorbeikommt?"

„Es gibt zwei Möglichkeiten, entweder Sandra kommt
zur Vernunft und Mutter fährt wieder heim, oder aber sie
dreht durch, und dann wird sie in die geschlossene Anstalt eingeliefert."

„Ins Irrenhaus?"

„Einen anderen Weg sehe ich nicht. Denn dann tritt
Phase drei in Kraft."

„Phase drei?", stutzte ich.

„Ja, und da gibt es zwei Möglichkeiten, entweder Sandra wird in der Anstalt normal und kann als geheilt entlassen werden, oder sie bleibt."

„Und wenn sie bleibt?"

„Gibt es zwei Möglichkeiten, entweder ich besuche sie
wöchentlich, oder ich lasse mich scheiden."

„Schei...?"

„Mamm mam mah, mammam mamme, mem me meine al, allal allallal allallalt, meine Alte pfe, veffev, veffech, vechsteht mam, mim, mich n... n... n... nich me mehr!"

„Ja, alter Freund", verkündete Balthasar lachend. „Und dann gibt es zwei Möglichkeiten, entweder ich bleibe Altjunggeselle, oder ich heirate meine Geliebte – die Yvonne."

Für einen Mann gibt es mehrere Möglichkeiten, seine Ehe zum Scheitern zu bringen. Dabei dauert es mit dem Trinken am längsten, mit körperlicher Gewaltanwendung ist es am sichersten und mit Fremdgehen am angenehmsten.

Eine Frau mit Führerschein

Männer, insbesondere Ehemänner, lieben ihre Autos mehr als ihre Frauen. Wie sonst lässt sich erklären, warum sie eine Ehekrise besser verkraften als einen Blechschaden an ihrem zweitbesten Stück? Deshalb spielt sich im zeitigen Frühjahr, mit der Regelmäßigkeit deutscher Gesundheitsreformen und im Hinblick auf unseren bevorstehenden Urlaub, zwischen meiner lieben Frau und mir ungefähr folgende dramatische Eheszene ab:

ICH: *(stöhnend)* Ich darf gar nicht an die stundenlange Autofahrt denken!

MEINE FRAU: Du willst doch immer in den Süden fahren!

ICH: *(überrascht)* Heißt das, du fährst nicht gern in den Süden?

MEINE FRAU: *(kalt lächelnd)* Hab ich nie behauptet.

ICH: *(vorwurfsvoll)* Du redest, wie es dir gerade in den Kram passt.

MEINE FRAU: Wenn du uns Frauen besser kennen würdest, wüsstest du, dass das ganz normal ist.

ICH: *(entrüstet)* Das ist doch nicht normal, wenn man seine Meinung von einer Minute auf die andere ändert!

MEINE FRAU: Liebling, das ist Meinungsfreiheit, und die ist mir durchs Grundgesetz garantiert.

ICH: *(unbeirrt)* Jedenfalls hast du letztens zu Erika gesagt, am liebsten verbringst du die Ferien in Italien.

MEINE FRAU: Stimmt.

ICH: *(aufschreiend)* Und liegt Italien etwa nicht im Süden?

MEINE FRAU: Kommt drauf an, woher man kommt!

ICH: Richtig, und wir kommen aus ...

MEINE FRAU: ... Deutschland.

ICH: ... aus dem Norden!

MEINE FRAU: Lass endlich deine Korinthenkackerei! Du denkst wohl, ich merke nicht, worauf dein Streit zielt!

ICH: (einlenkend) Aber Schatz, um Gottes willen, ich will doch nicht mit dir streiten.

MEINE FRAU: (höhnisch) Klar, jetzt kommst du mit dieser Masche. Aber eines kannst du dir hinter die Ohren schreiben: Den Führerschein werde ich niemals machen! Niemals!

ICH: Es gibt nichts Einfacheres und nichts Schöneres, als Auto zu fahren.

MEINE FRAU: Gib dir keine Mühe!

ICH: (schwärmend) Glaub mir, wenn du erst einmal Blut geleckt hast ...

MEINE FRAU: (drohend) Hör endlich auf! Sonst leckst du gleich Blut!

ICH: (verzweifelt) Dass man darüber mit dir nicht vernünftig sprechen kann.

MEINE FRAU: Wenn ich diesen dämlichen Führerschein hätte haben wollen, dann hätte ich ihn längst gemacht. Und nun will ich davon nichts mehr hören!

ICH: (erleichtert) Schade!

Auch wenn meine Frau nach diesem von mir geschickt inszenierten Streit noch zwei, drei Tage verärgert ist, das Opfer nehme ich gern in Kauf, fühle ich mich doch wieder stets aufs Neue von einer unsäglichen Last befreit. Ich kenne zahlreiche Paare, wo die Ehefrau nicht nur im Besitz eines Führerscheines, sondern auch der Wagenpapiere und der Autoschlüssel ist. In diesen Ehen lässt sich der arme Kerl von Mann so weit erniedrigen, dass er um die Benutzung des gemeinsamen Autos betteln muss.

Diesbezüglich zähle ich zu der vom Aussterben bedrohten Gattung Ehemann, die frei und unabhängig den Familienwagen benutzen kann, wann immer es ihm beliebt. Aber dieses kostbare Gut wird auch stets von der Angst begleitet, es zu verlieren – deshalb dieses jährliche kleine Streitgespräch.

Bis zur nächsten Konfrontation, also bis zum nächsten Urlaub, den wir diesmal an der italienischen Riviera verbringen wollen, ist noch etwas Zeit. Das neue Jahr ist erst wenige Tage alt. Als wir gestern vom Reisebüro heimfuhren, sagte meine Frau erleichtert zu mir: „Ach, bin ich

„Ich habe gerade so einen seltsamen Traum."
„Gut, gut, dann träume mal lieber weiter."

froh, dass ich keinen Führerschein habe und bei diesem Sauwetter fahren muss."

Sie können sich gar nicht vorstellen, wie sehr ich meine Frau für diesen einen Satz liebe. Natürlich habe ich etwas nachgeholfen und in einer vereisten Kurve vorsichtig gebremst, sodass der Wagen mit den Hinterrädern ausbrach und leicht ins Schlingern geriet.

„Scheiß Glatteis", fluchte ich und fügte lässig hinzu: „Hat schon manchen das Leben gekostet."

Daraufhin sagte meine Frau, noch etwas blass um Mund und Nase: „Nie im Leben werde ich den Führerschein machen!"

Als sich die ersten zarten Spitzen der jungen Krokusse durch die schmelzende Schneedecke bohrten, bahnte sich das Unheil, in Größe und Gestalt meiner Frau, seinen Weg zu mir. Ich saß im Wohnzimmer bei einer Tasse Kaffee und las Zeitung.

„Ich habe uns Kuchen mitgebracht", rief sie aus dem Korridor und fragte mich, als sie sich zu mir gesetzt hatte: „Weißt du, wo ich vorhin war?"

„Keine Ahnung!"

„Du sollst raten!", forderte sie und schaute mich erwartungsvoll an.

„Na schön, du warst beim Bäcker."

„Ja, sicher. Aber wo war ich noch?"

„Im Kaufhaus?"

„Nein."

„Beim Juwelier."

„Auch nicht."

„In einer Boutique."

„Ganz kalt!"

„Ach Mann, ich komm' nicht drauf."

„Ich gebe dir einen kleinen Tipp. Ich war dort, wo man etwas machen kann, was du dir schon lange wünschst."

„Du warst wirklich dort?", fragte ich ungläubig.

„Ja, klar", nickte meine Frau eifrig, „schon nächste Woche geht's los."

Ich sprang sofort auf, riss mir die Kleider vom Leib und sagte strahlend: „Du kannst sofort meine Maße nehmen!"

„Bist du übergeschnappt?", verfinsterte sich das Gesicht meiner Frau, anstatt das Maßband zu holen.

„Aber ich denke, du warst bei Krätzers", stammelte ich verwundert.

Krätzer & Sohn ist eine bekannte Maßschneiderei in unserer Stadt, die für Damen Abendkleider und für Herren Maßanzüge vom Feinsten schneidert.

„Für das Geld mache ich lieber den Führerschein."

Ich stand wie ein Häufchen Unglück vor meiner Frau, kleidermäßig und seelisch halb entblößt.

„Aber wieso nur? Und dann so plötzlich? Du hast doch all die Jahre ...", jammerte ich.

„Ich muss ehrlich zugeben", lenkte meine Frau ein, „mein Verhalten war ziemlich egoistisch."

„Nein, nein – ganz und gar nicht."

„Deine Rücksichtnahme ist lieb gemeint, aber ich habe inzwischen eingesehen, dass auch eine Frau unbedingt den Führerschein haben sollte."

„Aber warum?"

„Erstens, weil wir die Gleichberechtigung haben, und zweitens, weil ich dich auf der langen Fahrt ablösen kann."

„Liebling, das brauchst du aber nicht."

„Doch, es ist auch dein Urlaub."

„Aber ich tu's doch nur für dich."

„Ich auch!"

Es ist schwer, einer Frau etwas auszureden, besonders meiner, wenn sie sich erst einmal etwas in den Kopf gesetzt hat. Mir blieb nur noch die Hoffnung, sie würde mit Pauken und Trompeten durch die Fahrprüfungen fallen. Und um dies nicht dem Zufall zu überlassen, betete ich zu Amor, den ich für zuständig hielt, auch für diese Art von Verkehr.

Meine Frau bestand nicht nur die Prüfungen, sie bestand sie auf Anhieb und mit Bravour. Kaum dass sie ihren Führerschein hatte, forderte sie von mir die bedingungslose Herausgabe der Wagenpapiere und Autoschlüssel. Mein ganzes schauspielerisches Talent, die perfekte Inszenierung von den verschwundenen Schlüsseln und Papieren, half nichts. Die Klappe war gefallen.

Und was sagte meine Frau zu mir? „Halt endlich deine Klappe!"

Immerhin hatte sie sich erweichen lassen, mich an ihrer Seite stillschweigend, also ich sollte still schweigen, zu dulden. Die Fahrt mit ihr glich einem Höllentrip. Wann immer etwas am Straßenrand stand, ob Ampeln oder Verkehrsschilder, ob Passanten oder Hydranten, ob Bäume oder Leitplanken, sie verfehlte es nur um Haaresbreite.

Meine Frau hatte einen Fahrstil, bei dem man Stielaugen bekommen konnte. Einmal raste sie mit achtzig Sachen durch eine verkehrsberuhigte Zone, und dann wieder, wenn wir über eine Landstraße kamen, schlich sie im zweiten Gang dahin.

„Fahr doch bitte etwas schneller!", flehte ich sie an.

„Ich sitze am Steuer!", stellte sie klar.

„Das sehe ich. Aber hinter uns baut sich ein Stau auf!"

„Und wenn schon. Wem es nicht passt, der kann ja überholen!"

„Auf dieser kurvenreichen Straße? Und bei dem Gegenverkehr?"

„Nicht mein Problem", erwiderte sie und fuhr gemächlich weiter.

Plötzlich hatten wir einen Traktor mit zwei Anhängern vor uns.

„Den überhole ich jetzt", sagte meine Frau wild entschlossen und scherte auf die linke Fahrbahn aus. In diesem Moment ertönte das Nebelhorn eines Vierzigtonners, der kaum mehr als zweihundert Meter entfernt auf uns zuraste. Meine Frau machte keine Anstalten, sich wieder hinter den Traktor einzuordnen.

„Der Lkw!", schrie ich.

„Denkst du, ich bin blind?"

Noch hundert Meter trennten uns vom sicheren Crash.

„Das schaffen wir nie im Leben!", brüllte ich hysterisch.

„Wart's ab!", entgegnete meine Frau mit einem hämischen Grinsen.

In diesem Augenblick, auf der Schwelle ins Jenseits, wurde mir schmerzlich bewusst, dass meine Frau den Führerschein nur gemacht hatte, um uns beide in den Tod zu reißen. In panischer Todesangst schlug ich mit den Armen um mich und stieß einen letzten verzweifelten Schrei aus: „Ich will noch nicht sterben! Ich will noch nicht sterben!"

Ein entsetzlich lauter Knall dröhnte durch meinen Schädel. Dann war es plötzlich still um mich. Ich fühlte zwei zarte Hände in meinem Gesicht.

„Was ist mit dir?", hörte ich die sanfte Stimme eines Engels. Wenigstens war ich nicht in der Hölle gelandet.

„Wach auf!" Jemand rüttelte an mir.

„Wie soll denn ein Toter aufwachen?", fragte ich den Engel.

„Du hattest einen Albtraum."

„Einen Albtraum! Dann bin ich gar nicht im Himmel?"

Ich sah in das über mich gebeugte Gesicht meiner Frau, und es kam mir so merkwürdig bekannt vor, als hätte ich es irgendwo schon einmal gesehen.

„Ich bin's!", versicherte sie mir. „Erkennst du mich denn nicht?"

Ich schlug die Decke zurück und setzte mich auf die Bettkante. In unserem Schlafzimmer war alles unverändert. Dann ging ich zum Fenster. Mein Auto stand unversehrt auf seinem Platz.

„Ich habe den Unfall nur geträumt", stöhnte ich erleichtert.

„Erzähl mal! Muss ja heftig gewesen sein."

„Wir hatten einen schweren Unfall, mit einem Laster."

„Schrecklich!", sagte meine Frau.

„Und weißt du, was das Schlimmste an dem Unfall war?"

„Wir haben ihn beide nicht überlebt!"

„Ach, wenn's nur das gewesen wäre. Nein", und jetzt sagte ich sehr vorwurfsvoll, „du hast am Steuer gesessen."

„Ich, ha-ha-ha ...", amüsierte sich meine Frau. „Das muss ich gleich morgen früh meinem Fahrlehrer erzählen."

Seit diesem Tag fürchte ich zwei Sprichwörter. Erstens: Aufgeschoben ist nicht aufgehoben! Und zweitens: Träume können auch wahr werden!

Schuld war der Computer

In Deutschland zerbricht jede dritte Beziehung. Besonders dramatisch, wenn es sich um eine standesamtliche Zwangsgemeinschaft handelt. Allerdings muss auch gesagt werden, dass Scheidungen nicht das Schlimmste für ein zivilisiertes, westeuropäisches Land sind. Immerhin ernähren sie einen ganzen Berufsstand und dies nicht schlecht.

Jürgen und Ramona Fiedler sind nette Leute aus der Nachbarschaft. Man trifft sich hin und wieder auf der Straße, wechselt ein paar Worte über das scheußliche Novemberwetter und über Leute, die es sich leisten können, dem zu entkommen.

Ungefähr so lernte ich Jürgen und Ramona kennen. Die beiden verkörperten für mich das Traumpaar aus Hollywoods Filmwerkstätten schlechthin. Ramona war eine Meisterin der Kochkunst, und Jürgen konnte mich vorzüglich bewirten. Ich aß gern bei ihnen.

Als ich eines Tages allerdings sah, wie Jürgen schwere Kisten aus seinem Auto in die Wohnung schleppte, ahnte ich Schlimmes. In den letzten Wochen und Monaten sprach er von nichts anderem mehr als seinem Traum vom eigenen Computer. Auf der Straße war er kaum noch anzutreffen, und wenn, dann nur, weil er Nachschub an Software benötigte. Jürgen verbrachte von nun an mindestens zehnmal so viel Zeit an seinem Computer wie an seiner Frau.

Ramona berichtete mir unter Tränen von ihrem Unglück. Sie ließ indes nichts unversucht, seine Festplatte zurückzuerobern. Sie hüllte sich in leichte Gewänder, versteckte ihre reizvollsten Körperteile hinter durchsich-

„Mit diesem neuen großen PC habe ich alle Termine im Griff!"

tigen Dessous, schwebte wie eine Fee vor seinem Computer auf und ab und vollführte bauchtanzähnliche Verrenkungen.

Jede Attacke auf den Computerfreak erwies sich als Spiegelfechterei. Jürgens Augen waren geblendet von seinem strahlungsarmen Farbmonitor. Nur die regelmäßigen Zuckungen, die wie Blitze über seine angespannten

Gesichtsmuskeln hüpften, blieben das einzige Lebenszeichen.

Als ich Ramona auf der Straße traf, unterbreitete sie mir ihren neuesten Schlachtplan. Sie bereitete die große Schlussoffensive vor und kam gerade von der Anmeldung zu einem Computerkurs. Welch geniale Idee, lobte ich ihren strategischen Spürsinn. Die größten Feldherren hatten bereits auf ihren Militärschulen das Grundprinzip der erfolgreichen Kriegsführung gelernt: Schlage deinen Gegner mit seinen eigenen Waffen!

Gleich im ersten Seminar wandte sich der Dozent an die übermüdeten Hausfrauen des Abendkurses. Auf der Suche nach eventuellen Vorkenntnissen fragte er, ob von den Teilnehmerinnen bereits jemand wisse, wie man einen Computer füttere. Ramona schnellte als Erste aus ihrer Schlafstellung und servierte mit einem koketten Augenaufschlag die einzig richtige Antwort. „Aber sicher, Herr Doktor", hauchte sie dem groß gewachsenen und blauäugigen Junggesellen zu, „Sie brauchen mir bloß zu sagen, was so ein Biest frisst." Der Blutdruck des Dozenten soll deutlich angestiegen sein.

Zwei Monate später waren sie verlobt, heimlich, denn die Scheidungsformalitäten liefen noch. Zwei Gerichtstermine ließ Jürgen platzen, weil sie ihm schwerfiel, die Trennung von Frau und Computer.

Auch Ramona bekam ich plötzlich nicht mehr zu Gesicht. Sie war zu ihrem Verlobten gezogen. Eines Tages erhielt ich einen verdächtigen Brief und witterte eine böse, hinterhältige Verschwörung. In dem Umschlag steckte eine vorgedruckte Einladungskarte. Ramona und ihr Doktor gaben sich die Ehre, mich zu ihrer baldigen Vermählung einzuladen. Doch mit Rücksicht auf den hinterbliebenen Ex-Mann lehnte ich ihr großzügiges Angebot ab und speiste an diesem Wochenende bei meinen Eltern.

Wenige Monate später traf ich Ramona zufällig in der Straßenbahn. Sie wirkte äußerst und äußerlich sehr zufrieden. Endlich, gestand sie mir, habe sie einen Mann, der sich schon auf Arbeit am Computer kaputtmacht.

„Es wird später! Ich habe für meinen PC
eine neue Maus bekommen."

Parkplatzprobleme

Bis zu jenem Abend hatte ich nicht nur verdammtes Glück, sondern immer einen Parkplatz. Ich konnte mich schon mit dem kleinsten Flecken begnügen, Hauptsache, mein Wagen passte rein. Wenn sich die Türen hin und wieder, und das kam sehr häufig vor, nicht mehr öffnen ließen, störte mich das überhaupt nicht, denn mein Wagen verfügte über einen Notausstieg im Dach.

Eines Abends kam ich sehr spät heim. Ich rollte langsam an den Reihen parkender Autos entlang und spähte nach einer freien Lücke.

Aber nichts!

Absolut nichts!

Fast eine Stunde fuhr ich um unseren Häuserblock. Kein einziger Autofahrer zeigte sich, der Anstalten machte, sein Fahrzeug wegzubewegen. Inzwischen kreisten drei weitere parkplatzgierige Autofahrer, gegen mich konkurrierend, um unseren Block. Ich spürte im ersten Moment einen unerträglichen Hass auf die drei Mitbewerber. Angst stieg in mir hoch. Ich fürchtete, es könnte einem der drei vor mir gelingen, in die einzig frei werdende Lücke zu schlüpfen. In Gedanken schmiedete ich bereits Rachepläne, schließlich war ich als Erster da. Die Reifen würde ich diesem Saukerl zerstechen, die Antenne abknicken und den Lack zerkratzen. Wie gesagt, nur fürs Erste!

Plötzlich erkannte ich hinter dem Steuer des einen Wagens, als er langsam an mir vorbeirollte, meinen Nachbarn Felix Stürzler. Wir waren gute Nachbarn, die hin und wieder mal einen netten Abend bei ein paar Flaschen Bier verbrachten. Felix warf mir einen flehenden Blick zu, als könne ich, der selbst einen Abstellplatz benötigte, ihm einen Parkplatz beschaffen. Vielleicht wollte er mir damit aber auch nur sagen, dass ich, falls ich vor ihm einen Platz finde, diesen ihm überlassen soll.

Ihm meinen Platz überlassen? Der spinnt wohl! Beim Parkplatz hört die Freundschaft auf. Ich schaute schnell in die entgegengesetzte Richtung, als könne sich gerade dort eine günstige Gelegenheit ergeben. Und es ergab sich gerade dort eine günstige Gelegenheit. Ein junger Bursche ging zielstrebig auf einen älteren Golf zu. Sofort stellte ich mich neben ihn und schaltete warnend die Warnblickanlage ein.

Es dauerte eine Weile. Der Bursche stand noch immer an der Tür. Offensichtlich hatte er Probleme, ins Wageninnere zu gelangen. Als hilfsbereiter Mitbürger stieg ich aus und fragte ihn: „Kann ich dir helfen?"

„Kennen Sie sich denn mit Golfschlössern aus?", erwiderte er und reichte mir einen verbogenen Schraubenzieher.

„Das nicht gerade, aber so kriegst du das Schloss jedenfalls nicht auf."

„Haben Sie denn eine bessere Idee?", flehte er mich an. Wie gesagt, ich bin sehr hilfsbereit. Für einen Parkplatz tue ich fast alles.

„Warte einen Moment!"

Ich öffnete die Hecktür meines Wagens und kramte in der Werkzeugkiste. Vorsorglich hatte ich immer eine Drahtschlinge an Bord.

„Glauben Sie, damit geht's?", zweifelte der Bengel.

„Ich hab das mal in einem Film gesehen, und da ging's auch! Außerdem ist es den Versuch schon wert. Oder willst du hier ewig parken?"

„Nein, machen Sie ruhig. Vielleicht haben Sie ja Glück!"

Ich bog den Dichtgummi zurück, fädelte vorsichtig die Drahtschlinge in das Türinnere, bis sie auf Widerstand stieß. Ein kurzer Ruck, die Tür sprang auf. Mit dem Stolz eines erfolgreichen Jägers lächelte ich ihn überlegen an.

„Ein Autoknacker hätte es nicht besser hingekriegt", lobte ich mich selbst.

„Sicher parken! Diesen Tipp gab mir der
Polizeiobermeister Grünspecht."

„Sie sagen es!", pflichtete er mir bei.

Ich sah noch zu, wie er sich auf den Fahrersitz schwang, die untere Lenkradverkleidung abriss und sich an irgendwelchen Drähten zu schaffen machte. Wie sorglos doch die junge Generation mit ihrem Eigentum umgeht, sagte ich mir kopfschüttelnd. Aber mir sollte es egal sein, wenn ein Parkplatz dabei heraussprang.

Ich ging zu meinem Wagen zurück und hörte hinter mir einen stöhnenden Anlasser.

„Könnten Sie mir noch mal helfen?", drangen süß wie Honig die Worte des Jungen an mein Ohr.

„Na, schon wieder Probleme?", fragte ich ihn von oben herab.

„Diese alte Mistkrücke will nicht anspringen."

„Leg den ersten Gang ein! Ich schieb dich an."

Keine zwanzig Meter und der Motor schnurrte wie ein Bienchen. Er winkte mir als Beweis seiner Dankbarkeit aus dem Fenster und bog an der nächsten Kreuzung ab. Ich eilte zu meinem Wagen zurück und hatte einen Parkplatz wie schon lange nicht mehr.

Am anderen Morgen wurde ich unsanft von meiner Frau geweckt, die derart außer sich war, dass man hätte fürchten müssen, ein Erdbeben oder Schlimmeres wäre ausgebrochen.

„Mein Wagen, mein schöner Wagen", jammerte sie und sackte kraftlos neben unseren Ehebetten zusammen.

„Was ist denn mit deinem Wagen?"

„Weg! Spurlos verschwunden!"

„So ein Quatsch! Kein Mensch klaut einen alten Golf, der kaum noch anspringt. Du musst dich irren."

„Nein, ich irre mich nicht", beharrte sie und fügte hinzu: „Ich habe ihn nämlich gestern Nachmittag direkt vor der Haustür abgestellt und jetzt steht dein Wagen dort."

„Mein Wagen!", schrie ich auf. „Unmöglich!"

„Wenn du mir nicht glaubst, dann überzeuge dich selbst!"

Meine Frau hatte wie so oft recht. Auf dem Parkplatz, wo erst ihr Wagen gestanden hatte, parkte jetzt meiner.

„Wir müssen zur Polizei!", sagte sie unmissverständlich.

„Dann lass uns keine Zeit verlieren!", erwiderte ich mit einem unbändigen Hass auf diesen Ganoven.

Zum ersten Mal in meinem Leben konnte ich eine exakte Täterbeschreibung machen. Nur mit dem Phantombild hatte ich Schwierigkeiten. Irgendwie hatte es immer wieder große Ähnlichkeit mit mir.

Der Golf wurde übrigens eine Woche nach seinem mysteriösen Verschwinden von einer aufmerksamen Polizeistreife, die ein ausgebranntes Autowrack entdeckt hatte, gefunden. Mit der Versicherung gab es überhaupt keine Probleme. Anstandslos bekamen wir den Zeitwert des Wagens ersetzt. Dieser fiel sogar um achthundert Euro höher aus, als es uns die weise Schwacke-Liste vorhergesagt hatte. Und da soll mal noch einer behaupten, dass sich Hilfsbereitschaft nicht auszahlt!

Knöllchenkrieg

„Machen Sie sofort wieder Ihren Zettel ab!", schrie ich das junge, verführerische Ding an. „Ich bin ein glücklich verheirateter Familienvater!"

„Aber ...", stammelte die junge Frau über meinen Angriff erschrocken.

„Kein Aber!", fuhr ich ihr unerbittlich ins Wort. „Wenn Sie einen Freund suchen, dann geben Sie ein Inserat auf!"

„Aber ... ich suche doch gar keinen Freund", piepste sie.

„Ach, so eine sind Sie", schniefte ich verächtlich.

„Was unterstellen Sie mir hier eigentlich?", trat sie mit deutlich lauterer Stimme in die Verteidigungsoffensive. „Was ich Ihnen an die Windschutzscheibe geheftet habe, ist ein Knöllchen."

„Ein Knöllchen?", fragte ich misstrauisch.

„Genau. Ein Knöllchen."

„Wofür?"

„Fürs Falschparken!"

Ich warf einen kurzen Blick auf das Papier. Sie schien recht zu haben.

„Ich habe aber nicht falsch geparkt", konterte ich siegessicher.

„Und wie bezeichnen Sie das Abstellen eines Fahrzeuges hinter einem Parkverbotsschild?"

„Ich glaube, Sie haben Ihren Beruf verfehlt", erwiderte ich und musterte sie provozierend. „Sie hätten Quizmasterin werden sollen!"

„Unterlassen Sie Ihre Scherze!", wies sie mich mit einer dienstlichen Stimme zurecht. „Ich könnte Sie sonst wegen Beamtenbeleidigung anzeigen."

„Also gut", gab ich mich einsichtig, „was wollen Sie von mir?"

„Sie haben Ihr Auto im Parkverbot ..."

„Moment!", zerschnitt ich ihren Satz. „Ich habe nicht geparkt. Ich habe lediglich kurz gehalten."

„Sie haben geparkt!", erwiderte sie trotzig.

„Meine Liebe, ich kenne mich in der Straßenverkehrsordnung besser aus als ein Pfarrer in der Bibel. In Parkverbotszonen ist nämlich das Halten bis zu drei Minuten zum Be- oder Entladen gestattet."

„Ihr Wagen steht hier aber schon seit mindestens zwei Stunden", hielt sie dagegen.

„Was kann ich denn dafür, dass gerade heute so ein Betrieb im Finanzamt war."

„Außerdem haben Sie das Halten weder zum Be- noch zum Entladen genutzt."

„Ich habe meine Steuererklärung entladen und die war schwer genug, das können Sie mir ruhig glauben!"

„Ist mir völlig egal."

„Haben Sie überhaupt eine Ahnung davon, wie viel Steuern ich nachzahlen muss?"

„Auch das ist mir egal", erwiderte sie emotionslos.

„Der Staat könnte sich ruhig etwas dankbarer zeigen!"

„Der Staat wird Ihnen eine Zahlungsaufforderung zuschicken."

Ihre uneinsichtige und rechthaberische Art trieb mich langsam zur Verzweiflung. Ich war nahe daran, mich zu vergessen und schmetterte in einem letzten Aufbäumen in ihr hübsches Gesicht: „Wenn Sie nicht sofort Ihren Wisch hinter meinem Wischer wegwischen, äh – wegziehen, dann ... dann ..."

„Fünfzig Euro!"
„Na okay, aber gekauft ist gekauft"!

„Dann ... dann!", äffte sie mein Gestottere nach.

„Dann werde ich mich fürchterlich vergessen!", drohte ich mit letzter Kraft, allerdings nicht mehr sehr überzeugend.

„Ha", lachte sie, „Sie brauchen keine Angst zu haben,

es zu vergessen. Wir schicken Ihnen einen Einzahlungsbeleg."

„Keinen müden Cent werde ich bezahlen."

„Sie brauchen auch keinen müden Cent zu zahlen, sondern fünfundzwanzig Euro Bußgeld plus Bearbeitungsgebühr", erwiderte sie mit einem hämischen Grinsen.

„Bearbeitungsgebühr?", fragte ich überrascht.

„Ja, schließlich bereiten Sie uns mit Ihrem Fehlverhalten einen Berg Arbeit."

„Haha", entfuhr mir ein höhnischer Lacher. „Das bezeichnen Sie als Arbeit?"

„Ja, es ist eine Arbeit wie jede andere auch", rechtfertigte sich die attraktive Politesse.

„Das ist keine Arbeit, was Sie hier machen, das ist eine ganz dreiste Abzocke!"

„Halten Sie es, für was Sie wollen! Zahlen werden Sie trotzdem", entgegnete sie mit einer beängstigenden Überzeugung.

„Werde ich nicht. Und wissen Sie auch warum? Vor zwei Tagen haben die Herren Abgeordneten von der Stadtverordnetenversammlung ihre Autos auch im Parkverbot abgestellt und dafür kein Knöllchen bekommen."

„Das ist etwas ganz anderes", entgegnete die Politesse gelassen.

„Was soll daran anderes sein? Parkverbot bleibt Parkverbot!"

„Die Abgeordneten genießen parlamentarische Immunität und können parken wann und wo immer sie wollen."

„Auch vor Krankenhäusern, Schulen und Kindergärten?"

„Überall."

„Und vor Einfahrten?"

„Gerade dort.“

„Und das nennen Sie Gerechtigkeit?“

„Ich mache nicht die Gesetze“, klärte sie mich auf. „Ich achte nur darauf, dass sie eingehalten werden.“

„Und so etwas nennt man nun Demokratie!“, knurrte ich aufgebracht. „Gleiches Recht für jeden!“

„Ausnahmen bestätigen nun mal die Regel“, lachte sie.

„Ich pfeife auf Ihr dämliches Recht. Von mir sehen Sie jedenfalls keinen einzigen Cent.“

„O doch, bis jetzt haben alle gezahlt“, erwiderte sie in ihrer arroganten Überheblichkeit.

„Dann wird sich das eben jetzt ändern“, schmetterte ich zurück.

„Sie werden gar nichts ändern!“, hielt sie schmunzelnd dagegen. „Sie können sich nämlich gar kein Bild davon machen, wie stur wir Leute vom Ordnungsamt sind!“

„Sie sind nicht nur stur“, brüllte ich sie, die Fassung verlierend, an, „sondern eine blöde Kuh! Jawohl, das sind Sie, eine blöde, eingebildete Kuh!“

„Das ... das ... das haben Sie nicht umsonst ... umsonst gesagt!“, stammelte sie tief in ihrem Ego verletzt.

„Geben Sie mir zehn Euro, und da hab ich's auch nicht umsonst gesagt!“, triumphierte ich.

„Ich werde Sie anzeigen!“, brüllte sie aufgebracht.

„Wissen Sie, was Sie mich mal können?“, rief ich ihr über die kalte Schulter zu. „Das hier ...“, sagte ich und hielt ihr den ausgestreckten Mittelfinger meiner rechten Hand unter die Nase. Dann setzte ich mich, stolz über so viel Zivilcourage, in mein Auto und fuhr erleichtert nach Hause. Ich fühlte mich als Sieger, obwohl ich noch nicht gewonnen hatte.

Der Amtsrichter, der in der Angelegenheit „Blöde Kuh

und Stinkefinger" zu entscheiden hatte, rechnete mir vor, was Politessenbeschimpfungen kosten. „Dumme Kuh" macht fünfhundert Euro und der Stinkefinger satte zweitausend. Er selbst, das flüsterte er mir am Richtertisch ins Ohr, habe sich seinerzeit, als er ebenfalls vor dem Finanzamt als Parksünder von einer Politesse erwischt worden war, für die billigere Variante „dumme Gans" für dreihundert Euro und den gezeigten Vogel für tausend Euro entschieden.

Insiderwissen zahlt sich eben immer wieder aus!

Oma schlägt zurück

Als noch vor Jahrhunderten im rückschrittlichen asiatischen Raum die Erfindung der Handfeuerwaffe auf sich warten ließ, die Menschen sich aber gegen Angreifer ebenfalls zur Wehr setzen wollten, erfand man Zweikampfdisziplinen wie Judo, Karate oder Taekwondo. Längst sind diese kunstvollen Kampfsportarten in Deutschland angekommen und kaum noch von unseren gewalttätigen Straßen wegzudenken, obwohl es an jeder Straßenecke Pistolen, Maschinengewehre oder Panzerfäuste zu kaufen gibt. Der Vorteil, eine Kampfsportart perfekt zu beherrschen, liegt darin, dass man es demjenigen nicht ansieht.

Eines Morgens traf ich das Ehepaar Stürzler am Aufzug.

„Hallo! Schon so zeitig unterwegs", grüßte ich meine Nachbarn.

„Wir haben neun Uhr einen Termin im Bestattungsinstitut", flüsterte Felix mit einer verdächtigen Betroffenheit. Erika wischte sich eine Träne aus den Augen und fügte leise hinzu: „Oma ist letzten Donnerstag ..." Den Rest ihres Satzes verschluckte ein herzerweichendes Schluchzen.

Stürzlers befanden sich in familiärer Trauer.

„Oh, das tut mir aber jetzt irgendwie leid!", haspelte ich betroffen.

„Sie hatte ... sie hatte ein so wunderbar ... wunderbar erfülltes Leben", stammelte Felix ergriffen, um sich selbst und seiner Frau Trost zuzusprechen.

„Ja", pflichtete ihm Erika bei, „das hatte sie. Aber ihr Hundertster war ihr leider nicht mehr vergönnt."

„Hundert", staunte ich. Ich wusste zwar, dass Erikas Großmutter nicht mehr zu den Allerjüngsten zählen konnte, aber so ein biblisches Alter hätte ich dann doch nicht vermutet.

Die Fahrstuhltür öffnete sich, und wir stiegen ein.

„Sie wäre letzten Samstag hundert geworden", flüsterte Erika.

„Aber, aber", stotterte ich, „dann ist sie ja zwei Tage vor ihrem hundertsten Geburtstag ..."

„So ist es", bestätigte Felix in einem ziemlich nüchternen Ton, „und alles nur, weil sie sich bei den Vorbereitungen nicht helfen lassen wollte."

„Sie ist die Treppe hinuntergestürzt und hat sich das Genick ..." Erika brach erneut in Tränen aus.

„Aber sie musste ja auch unbedingt die Bierkästen allein hochschleppen", fluchte Felix ärgerlich.

„Bierkästen?", stutzte ich ungläubig.

„In den dritten Stock, ohne abzusetzen. Oma ging zweimal die Woche ins Fitnessstudio."

„Fitnessstudio?"

„Krafttraining! Oma wollte fit bleiben", erklärte Erika.

„Sie war aber auch noch in einer ausgezeichneten Verfassung", ergänzte Felix. „Vielen älteren Hausbewohnern schleppte sie die schweren Einkaufstaschen hoch."

„Unentgeltlich", hob Erika hervor.

„Nur, um in Form zu bleiben."

„In diesem Alter?", zweifelte ich.

„Was willst du damit sagen?", giftete mich Erika an. „Großmutter war nach ihrer körperlichen Verfassung allerhöchstens sechzig."

Der Fahrstuhl hielt im Parterre, und wir stiegen aus.

„Übrigens", betonte Felix mit erhobenem Zeigefinger, „hat Oma bei den letzten Seniorenspielen die Taekwondomeisterschaften gewonnen."

„Fragte doch der Oberarzt so in die Runde, wann
die sexuellen Bedürfnisse nachlassen. Was sollte ich
da antworten mit gerade mal achtundachtzig?"

„Sie machte diesen asiatischen Kampfsport?", fragte
ich sichtlich irritiert.

„Zweimal die Woche."

„Ihr Trainer hielt sie für eines der aussichtsreichsten
Nachwuchstalente. Er wollte ja, dass Oma viermal zum

Training kommt. Aber Oma ging ja noch zum Karate und Judo."

„Karate und Judo?"

„Was Oma anfasste, machte sie richtig. Da ließ sie nichts anbrennen. Außerdem hatte Oma eine Heidenangst vor Überfällen."

„Und mit Recht", ergänzte Felix. „Erst wenige Tage vor ihrem Tod wurde sie von drei Männern brutal überfallen, gerade als sie ihre kärgliche Rente von der Sparkasse holte."

„Überfallen sagt ihr?"

„Glaubst du uns etwa nicht?", zischelte mich Erika von der Seite an.

„Doch, natürlich glaube ich euch."

„Der eine Ganove", fuhr Felix fort, „trug eine offene Schädelverletzung davon, der zweite liegt noch im Koma ..."

„Seitdem", fiel Erika ihrem Mann ins Wort, „sagt Felix immer: ‚Unsere Oma haut jeden Gauner gleich ins Koma!'"

„Und was ist mit dem dritten passiert?"

„Ach, der brauchte nicht zu leiden", sagte Felix.

„Sitzt der schon im Knast?"

„Nein, der liegt auf dem Südfriedhof."

Scheidungsrichter küsst man nicht

Ich habe mich immer gefragt, wieso Stürzlers Ehe so schnell geschieden worden war, ohne das gesetzlich vorgeschriebene Trennungsjahr hinter sich gebracht zu haben. Die Antwort ist so simpel wie einfach. Beziehung! Das ist heute nicht anders als früher.

Im modernen Scheidungsgeschäft, zweifellos eine umsatzkräftige Branche mit Zukunft, wie die inflationären Zahlen beweisen, sind Beziehungen eine Grundvoraussetzung, wenn die Scheidung zum Erfolg führen soll. Der blieb Felix allerdings versagt. Zwar durfte er die runtergewirtschaftete Genossenschaftswohnung behalten und auch der wertlose und überalterte Hausrat wurde ihm zugesprochen, doch im Gegenzug musste er sich von seinem neuen Auto und den Sparbüchern trennen. Erika hatte eben die besseren Beziehungen.

Aber ich möchte nichts vorwegnehmen.

Das Unheil nahm ein paar Tage nach Felix' achtunddreißigstem Geburtstag seinen Lauf. Er kam vergnügt von Arbeit nach Hause, wie Millionen brave Familienväter auch, die sich den ganzen Tag nur darauf freuen, die Abendstunden im Kreise ihrer Liebsten zu verbringen. Felix stellte wie immer seinen Aktenkoffer im Korridor ab, setzte wie immer die Kaffeemaschine in Gang und sich an den großen Wohnzimmertisch, um schon mal in der Zeitung zu blättern, während der Kaffee durchlief.

Doch die Zeitung fehlte!

„Erika, haben wir denn heute keine Zeitung bekommen?", fragte er seine Frau, die es sich mit einem Strickmodenheft auf der Couch bequem gemacht hatte.

„Seitdem wir der Redaktion gedroht haben, die Zeitung

abzubestellen, ist sie immer pünktlich gekommen", antwortet Erika, ohne von ihren Strickmustern aufzusehen.

„Auch heute?"

„Auch heute", bestätigte Erika.

„Und wo ist nun die Zeitung von heute?" Felix wurde langsam ungeduldig, weil sein tägliches Ritual gefährdet schien. Der Kaffee war inzwischen durchgelaufen, und Felix hatte noch immer nicht den Leitartikel gesichtet.

Erika zog die Zeitung mit einer grimmigen Miene hinter ihrem Rücken hervor und schleuderte sie ihrem Mann wütend an den Kopf.

„Erika!", rief Felix verdutzt. „Was ist denn in dich gefahren?"

Er bückte sich und sammelte die aufgefächerten Zeitungsseiten auf.

„Lies die letzte Seite!", befahl Erika in einem ungemütlichen Ton.

Felix folgte brav der Anweisung seiner Frau, konnte aber nichts Ungewöhnliches entdecken. Neben den Meldungen aus aller Welt waren der Wetterbericht und die Gewinnquoten vom Mittwochslotto abgedruckt.

„Lies endlich!", donnerte Erika.

„Was? Die ganze Seite, das Wetter, die Gewinnquoten?"

„Den Artikel ‚Zwei Drittel …‘!"

Erst jetzt stach ihm die fette Schlagzeile ins Auge, die da lautete: „Zwei Drittel aller Ehemänner hatten schon einmal eine Affäre!" Felix überflog den Artikel, in dem die Ehemänner nicht allzu gut wegkamen. Vermutlich war der Verfasser entweder eine frustrierte Ehefrau oder eine alte Jungfer.

„Was hast du dazu zu sagen?"

„Das ist doch kompletter Schwachsinn", kommentierte Felix.

„Lies den Untertitel! Aber laut!"

„Das hat doch nichts zu sagen, was hier ..."

„Lies vor!"

„‚Gefährliches Alter liegt zwischen 37 und 39'", las Felix und wurde augenblicklich blass um Mund und Nase.

„Wie heißt sie?", fragte Erika mit einem messerscharfen Blick.

„Wer?"

„Deine Geliebte, dieses Miststück!"

„Ich hab keine Geliebte. Ich hätte ja nicht mal die Zeit dazu", rechtfertigte sich Felix.

„Aha, aber wenn du mehr Zeit hättest, hättest du schon Lust auf so ein junges Ding?"

„Nein."

„Gib doch zu, dass es so ist!"

„Ist es aber nicht", trotzte Felix.

„Ihr Männer seid doch alle gleich!", schniefte Erika verärgert.

„Sind wir nicht, denn ich zum Beispiel ..."

„Hör auf damit!", fuhr sie ihm über den Mund. „Zwei Drittel aller Ehemänner sind bereits einmal fremdgegangen", wiederholte sie die Zeitungsmeldung, als wäre das der beste Beweis seiner Untreue. Dabei handelte es sich nur um die Forschungsergebnisse der Gesellschaft für rationelle Psychologie. Vermutlich ein reiner Frauenverein.

„Dann gehöre ich eben zu dem anderen Drittel", verteidigte sich Felix.

„Gerade du", lachte Erika zynisch, „der sich nie zu Randgruppen gezählt hat."

„Das ist doch etwas ganz anderes."

„Dann gib wenigstens zu, dass du schon mal mit der Möglichkeit geliebäugelt hast!"

„Warum sollte ich?"

„Denkst du, ich hab keine Augen im Kopf? Wie du schon die Frau Kleinweinstein immer angaffst."

„Ich schaue Frau Kleinweinstein nicht anders an als andere schöne Frauen auch."

„Ich hab's gewusst! Ich hab's gewusst!", schrie Erika. „Kein Rockzipfel ist vor euch Sexbestien sicher!"

„Aber Erika, nun verdrehe mir doch nicht die Worte ..."

„Fremdgehen, mein Lieber, beginnt im Kopf und endet in der Hose."

Erika hatte das Vertrauen zu ihrem theoretisch untreuen Ehemann verloren. Das Fundament ihrer bis dahin intakten Ehe hatte erste Risse bekommen. Erika wusste, dass Felix in einem gefährlichen Alter war, hatte aber keine Ahnung, wie groß eigentlich ein Drittel ist. Sie wusste nur, dass zwei Drittel das Doppelte von einem Drittel sind und Felix mit Sicherheit keinem vierten Drittel angehören konnte. Mathematische Bildung schafft eben Klarheit!

Das Letzte, was Erika an diesem Abend Felix an den Kopf warf, war neben einer Vase die Bemerkung: „Mach nur so weiter, dann sehen wir uns bald vorm Scheidungsrichter wieder!"

Felix' gedämpfte Stimmung an den folgenden Tagen war verständlich. Als er mir gedankenversunken nicht nur über den Weg, sondern auch über die Füße lief, rechtfertigte er seinen momentanen Gemütszustand mit einer Magenverstimmung.

„Dann geh zum Arzt!", riet ich ihm. „Lass dich krankschreiben, spann ein paar Tage aus!"

„Nein, nein", wehrte Felix heftig ab, „was ich jetzt brauche, ist Arbeit, viel Arbeit. Unter zwölf Stunden verlasse ich nicht mehr mein Büro."

Ich spürte, dass ihre Ehe kriselte, wurde ich doch oft genug durch die dünnen Wände ungewollter Ohrenzeuge ihrer lautstarken Zwistigkeiten. Während mein leidender Nachbar in seiner leitenden Stellung aufging, ging er in seiner Ehe unter. Von Erika selbst erfuhr ich, dass ein Gewittergrollen im Anrollen war.

„Der wird sein blaues Wunder erleben", verkündete sie schadenfroh. „Der soll nur nach Hause kommen!"

Ich ahnte, dass sich hinter dem Synonym *blaues Wunder* nur der sinnbildlich übertragene *blaue Brief* verbergen konnte. Erika hatte, wie sich später herausstellte, nicht nur die Scheidung eingereicht, sondern ...

Aber lassen Sie sich überraschen!

Felix kam müde, ausgelaugt und mit einer leichten Migräne von der Arbeit nach Hause. Ich hatte bis zum frühen Abend am Fenster gestanden, um ihn abzupassen. Als ich ihn mit seinem neuen Auto einparken sah, schnappte ich mir den Müllbeutel und eilte zum Aufzug.

„Felix!", sagte ich, als wir uns im Parterre trafen. Ich klopfte meinem Nachbarn aufmunternd auf die Schulter. „Du musst jetzt stark sein!"

„Warum?", wunderte er sich.

„Kopf hoch, alter Junge!"

„Ist was passiert?"

„Noch nicht, Felix, noch nicht."

„Du siehst krank aus", sagte er. „Vielleicht solltest du zum Arzt gehen, dich krankschreiben lassen und ein paar Tage ausspannen."

Als Felix in den Korridor trat, hörte er fröhliche und

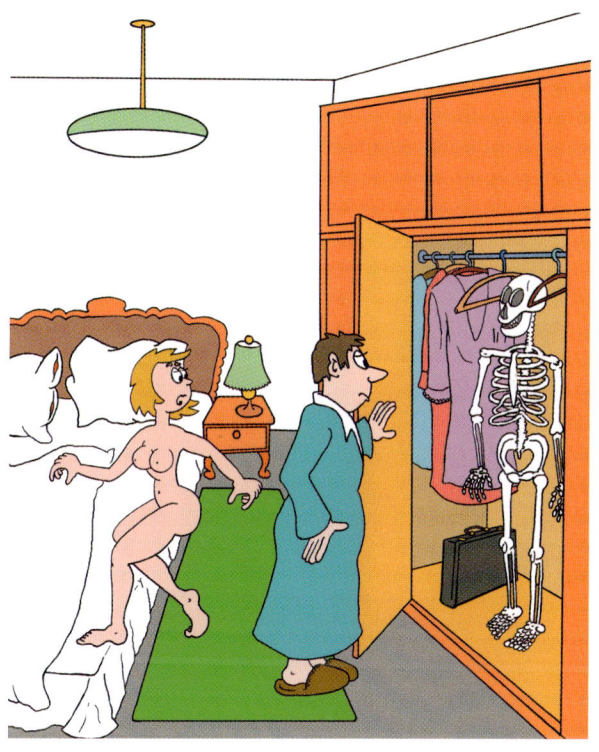

„Der Anwalt, igitt, ich hatte den Anwalt vergessen!"

ausgelassene Stimmen, die aus dem Wohnzimmer kamen. Erika hatte Besuch. Männerbesuch, wie an den beiden Trenchcoats, die an der Garderobe hingen, unschwer
zu erkennen war. Felix zog sein Hemd glatt, strich eine
Falte hinter den Hosenbund und fuhr sich prüfend übers
Kinn. Dann öffnete er entschlossen die Tür zum Wohnzimmer und blieb, schockiert über den Anblick, wie an-
genagelt stehen.

Erika hockte mit zwei wildfremden Männern auf der Couch, und zwar in einer erschreckend freizügigen Verfassung. Sie saß auf dem Schoß des jüngeren, schätzungsweise Anfang vierzig, mit einem markanten männlichen Gesicht und einer athletischen Figur, wie es eben Frauen mögen. Der andere, wohl etwas über fünfzig, strich mit einer Hand über Erikas Schenkel, und während er ihren Nacken küsste, kicherte Erika unentwegt. Dem jüngeren hatte sie ihre Arme zärtlich um den Hals gelegt und gab ihm gerade in dem Moment, als Felix eintrat, einen leidenschaftlichen Kuss mitten auf den Mund.

„Was ist denn hier los?", rief Felix entsetzt.

Der ältere, leicht grau melierte Herr sprang auf, kam auf den gehörnten Ehemann zu, reichte ihm die Hand und sagte: „Gestatten, mein Name ist Abel, Rechtsanwalt Dr. Abel, Fachmann in allen Fragen des deutschen Scheidungsrechts."

„Scheidungsrecht ...", wiederholte Felix verwirrt.

„Unsere Kanzlei Kain & Abel gilt in Scheidungsangelegenheiten als die beste in der Stadt." Er griff geschäftstüchtig in die Innentasche seines Jacketts, zog eine Visitenkarte heraus und gab sie Felix, der nur zögernd zugriff.

„Wer will sich denn scheiden lassen?"

„Sie, mein Herr, und Ihre reizende Gattin. Noch-Gattin", verbesserte er sich. „Wenn Sie Rechtsbeistand wünschen, mein Partner Kain wäre noch frei."

„Sehr aufmerksam", jammerte Felix. „Aber das kommt alles ziemlich überraschend."

„Das ist nicht untypisch für Scheidungen. Aber einmal muss man sich zu diesem notwendigen Schritt aufraffen. Wir Rechtsanwälte wollen schließlich auch leben und das nicht schlecht, wenn Sie verstehen, was ich meine."

„Letztes Angebot, Herr Lassalle: Sie übernehmen meine Anwaltskosten und ersparen sich den zweiten Platz!"

„Ich begreife nur nicht, aus welchem Grund sich meine Frau scheiden lassen will", wunderte sich Felix.

„Sie wirft Ihnen eheliche Untreue vor, ein schwerwiegendes Delikt", antwortete Dr. Abel und fügte, gerade als der andere Herr Erika einen schmatzenden Kuss gab, hinzu: „Dr. Sauerbruch wird Ihnen das bestätigen können. Er ist Scheidungsrichter am hiesigen Amtsgericht."

Ein vergessener Hochzeitstag

Angeln soll gesund sein, außer für Fische und Würmer. Wenn sich Männer dieser Leidenschaft hingeben, können sie alle Katastrophen um sich herum vergessen – die Probleme des Alltags, einen wachsenden Schuldenberg, das demolierte Auto nach einem Frontalcrash, eine drohende Kündigung und erst recht ihren Hochzeitstag.

Mein Nachbar Felix Stürzler war mit Zelt, Luftmatratze, Anglerausrüstung, zwei Kästen Pils, zwei Flaschen Korn und mit zweien seiner Petrijünger zum Nachtangeln an einen See gezogen, um zurückgezogen einen einzuziehen. Leider darf ich die Örtlichkeit nicht preisgeben. An diesem Zuchtgewässer herrscht nämlich strengstes Angelverbot.

Felix kehrte nicht nur glücklich, sondern auch mit einem halben Zentner feinsten sächsischen Aals zurück. Ich erinnere mich deshalb so gut daran, weil er mir sehr freimütig zwei Prachtexemplare überlassen hatte.

Tage später klagte Felix über seine Gattin Erika, die er mit den unterschiedlichsten Bezeichnungen zu titulieren pflegte, stets seinem momentanen Gefühlszustand angepasst. Seine Kosenamen reichten von „geliebtes Zuckerröschen" bis hin zu „eingebildete Ziege".

Erika schien wegen des Angelausflugs ihres Gatten verstimmt zu sein und stellte weithin sichtbar ihre miese Laune zur Schau. Als Felix mit reicher Beute zurückgekehrt war und anstatt eines anerkennenden Kusses nur die kalte Schulter seiner Frau zu spüren bekam, war ihm sofort klar, dass er nur ihren Hochzeitstag vergessen haben konnte.

Am nächsten Tag kehrte Felix mit einem teuren Bukett

von der Arbeit heim. Als Erika den übertriebenen Strauß erblickte, kam keineswegs, wie es Felix gehofft hatte, Freude bei seiner Gattin auf, vielmehr gab sie einen hysterischen Schrei von sich, zu dem nur Frauen fähig sind: „Ich hab's gewusst! Du betrügst mich, du mieses Schwein."

Erika hatte den Hochzeitsstrauß irrtümlich als Wiedergutmachungsgeste verstanden. Felix, der vergessliche Schwachkopf, hatte sich nämlich im Datum geirrt. Ihr Hochzeitstag war erst einen Monat später.

Aber eines können die männlichen Leser dennoch aus dieser kleinen Episode lernen: Schenke einer Frau niemals Blumen ohne Grund! Frauen glauben alles, nur nicht die Treue.

Woran mag es also liegen, dass Männer diesen für ihre Frau so offensichtlich wichtigen Tag vergessen? Psychologen bezeichnen dies als „Verdrängungssyndrom", das seine Opfer virusartig befällt und nicht selten schon während der Trauungszeremonie seinen heroischen Vernichtungsfeldzug antritt. Aber auch die Wissenschaft bringt uns keinen Schritt weiter, denn selbst hochrangige Wissenschaftler vergessen ihren Hochzeitstag. Eigentlich recht ungewöhnlich, da sich doch Männer im Allgemeinen Daten wie den PIN-Code ihrer EC-Karte, den Skatabend, die Telefonnummer ihrer Freundin oder den Sendetermin des nächsten Erotikfilmes gut merken können.

Auch ich schlage mich schon seit Jahren mit diesem leidigen Problem herum. Meine Frau verbrachte unseren und von mir eiskalt ignorierten Hochzeitstag stets in einer bedächtigen inneren Einkehr, die ich für eine Art Meditation hielt. In stillem Schmerz, so ließ sie mich nach einem Jahrzehnt Ehe wissen, habe sie all die Jahre meine arrogante Ignoranz ertragen.

„Du hast nun bereits zum zehnten Mal unseren Hochzeitstag vergessen. Gratuliere!", schrie es aus ihrer gedemütigten und ach so zerbrechlichen Frauenseele.

„So lange sind wir schon verheiratet", staunte ich.

„Ich habe einen faulen, egoistischen, vergesslichen und was weiß ich nicht noch alles Trottel geheiratet", schluchzte sie, der Verzweiflung nahe.

„Ich werde mich bessern", gelobte ich. Man muss sich in solchen Situationen kooperativ zeigen, auch wenn einem klar ist, dass man eine Woche später schon nicht mehr weiß, worum es eigentlich gegangen ist.

„Ich kann nicht mehr, ich kann nicht mehr", stieß sie immer wieder anfallartig hervor, ohne sich präzise auszudrücken, was sie nicht mehr konnte.

„Was kannst du denn nicht mehr?", versuchte ich deshalb in Erfahrung zu bringen.

„Mit dir leben, du Einfaltspinsel. Ich werde mich von dir trennen!", drohte meine Frau mit einem erwartungsvollen Blick auf meine Reaktion.

Ich zuckte zusammen wie der Keeper nach einem Gegentreffer. „Nein, Liebes, um Himmels willen! Das kannst du mir doch nicht antun!"

In ihre feuchten Augen trat ein Glanz, ein Hoffnungsschimmer. „Bedeutet das, du liebst mich noch?"

„Ja, sicher", versicherte ich ihr, „außerdem kann ich mir nicht noch einen Tag merken."

„Was für einen Tag denn?", stutzte meine Frau.

„Na, den Tag unserer Scheidung."

Eines habe ich jedenfalls in unseren langen und glücklichen Ehejahren gelernt: Nicht nur das Mittagessen wird nicht so heiß gegessen, wie es mitunter die Hausfrau anbrennen lässt. Die wenigen Tage nach dem vergessenen Hochzeitstag stellen in jeder Ehe einen nur zeitlich bedingten Tiefpunkt dar. Von einer Krise zu sprechen, wäre lächerlich.

Ungefähr ein Jahr später geschah dann Folgendes. Ich saß gerade am Schreibtisch und arbeitete an einem neuen Buch. Plötzlich klingelte das Telefon. Meine Schwiegereltern meldeten sich von der grünen Insel Teneriffa, auf der sie gerade zum Rentner-Spartarif ihren Frühlingsurlaub verbrachten.

„Hallo, Uwe", jauchzte meine Schwiegermutter vergnügt ins Hoteltelefon. „Ich kann leider nicht lange sprechen. Ich wollte euch nur", trällerte sie, „alles Gute zu eurem Hochzeitstag wünschen!"

„Hochzeitstag!", schrie ich entsetzt auf.

„Sag bloß, du hast ihn schon wieder vergessen?", schlug sie plötzlich einen strengen Ton an, und ich sah förmlich die gefletschten Zähne ihres AOK-Gebisses vor mir.

„Nein, nein", versicherte ich ihr schnell und dachte, du musst sofort Blumen besorgen, noch bevor Kerstin aus der Stadt zurück ist.

Dankbar für den kanarischen Denkzettel eilte ich ins nächste Blumengeschäft. Ich kaufte einen wunderschönen Strauß roter Rosen und kehrte sogar noch rechtzeitig zurück.

„Was soll das?", wunderte sich meine Frau.

„Unser Hochzeitsstrauß!", flötete ich beschwingt, wie eine Nachtigall, oder war es die Lerche?

„Und wieso bekomme ich den erst heute?"

„Weil wir heute vor genau elf Jahren geheiratet haben", trällerte ich und wollte meiner Frau einen Kuss geben.

Sie wich einen Schritt zurück und schmetterte mir den vernichtenden Satz entgegen: „Unser elfter Hochzeitstag war bereits gestern!"

Im Zeitalter von Alzheimer und Demenz sollte man sich nicht auf die Merkfähigkeit von Rentnern verlassen. Jetzt habe ich es am eigenen Leib erfahren müssen. Aber bereits nach einer Woche sprach meine Frau wieder mit mir, wenn sich auch ihre Konversationsbereitschaft nur in knappen Sätzen äußerte, wie „Rücke den Sessel ordentlich!", „Räume deine Bierflaschen weg!" oder „Die Schmutzwäsche gehört in den Korb!" Zumindest war ich glücklich, dass wir nach den Tagen des kalten und schweigenden Krieges wieder eine gemeinsame Sprache gefunden hatten.

Im darauffolgenden Jahr geschah dann etwas, womit ich im Traum nicht gerechnet hätte. Einen Tag vor unserem Hochzeitstag, ohne dass ich wusste, dass es einen Tag vorher war, kam unsere Tochter in mein Arbeitszimmer.

„Was willst du denn schon wieder?", fuhr ich sie ziemlich barsch an.

„Papi, ich hab nur mal eine Frage", sagte sie und drehte sich so merkwürdig, dabei die Hände auf dem Rücken verschränkt, auf ihren Absätzen.

„Dann frag endlich!"

„Was schenkst du denn der Mutti morgen?" Während sie mich aus neugierigen Augen musterte, sah ich verdutzt in ihre leuchtenden Knopfaugen.

„Wieso schenken? Hat sie morgen Geburtstag?"

„Nein, aber Hochzeitstag."

Wie von der Tarantel gestochen schoss ich aus meinem Stuhl hoch, nahm zärtlich ihren Kopf in meine Hände und küsste voller Dankbarkeit ihre zarte Stirn.

„Ein Funktionsmodell aus Texas?"

„Nein, eine selbst gebastelte Gedankenstütze,
so kann ich den Hochzeitstag nicht vergessen."

„Du bist meine Retterin", verkündete ich ergriffen.
„Ein Glück, dass ich so einen lieben Engel habe."

„Springt was für mich dabei heraus?", fragte meine
Tochter und rieb dabei so merkwürdig den Daumen am
Zeigefinger, als hätte sie sich einen Splitter eingezogen.

Ich zog großzügig mein Portemonnaie aus der Gesäß-
tasche, förderte aber leider nur einen Fünfziger zutage.
Ehe ich mich versah, hatte die Banknote ihren Besitzer

gewechselt. „Danke, Papi. Das ist für mein Sparschwein", sprach mein Engel und schwebte davon.

Dieser Denkzettel kam mich ziemlich teuer. Aber ich tröstete mich mit der Tatsache, dass ja das Geld immerhin in der Familie blieb und somit so schlecht nicht angelegt war. Nach zwölf Jahren Ehe gelang es mir endlich, meine Frau pünktlich mit einem Hochzeitsstrauß zu überraschen. Und da ich mich nicht lumpen lassen wollte, kaufte ich den seit Wochen von ihr so heiß ersehnten Brillantring. Wir feierten mit Sekt und Kaviar bis früh in den Morgen hinein, und wir hatten eine heiße Liebesnacht wie schon lange nicht mehr. Das Eheleben kann mitunter auch gute Seiten haben!

Ein Jahr später spielte sich die Erinnerungsdramaturgie so ähnlich ab, nur die Dialoge waren leicht geändert.

„Du, Papi, kannste mal nen Fünfziger rüberwachsen lassen?"

„Wie komme ich dazu, dir Göre so viel Geld in den Rachen zu werfen?", entrüstete ich mich.

„Da erinnere ich dich eben nicht an Muttis Hochzeitstag, ätsch!", zischte sie verärgert.

Nun hatte ich dummerweise im Vorjahr den Preis selbst so hochgeschraubt. Aber immerhin hatte mich mein Goldkind vor dem Desaster bewahrt, und schweren Herzens trennte ich mich vom nächsten Fuffziger.

Ich nahm sie, wie jeder bis in seine Grundfesten gerührte Vater, in die Arme und sagte zu ihr: „Fein, dass du daran gedacht hast."

„Ich hab nicht daran gedacht", gab sie trotzig zurück. „Mutti hat mich daran erinnert. Ich merke mir doch nicht euren bescheuerten Hochzeitstag!"

Hauptsache, man wirkt männlich

„Wir müssen uns beeilen!", drängte meine Frau.

„Aber Schatz! Warum diese Eile?"

„Wenn wir zu spät kommen, sind alle Schnäppchen weg", sprach die blanke Panik aus ihr.

„Aber die Kaufhäuser öffnen erst in vier Stunden."

„Eben!"

Wir nahmen die Straßenbahn. Das war wesentlich günstiger, denn die Innenstadt ist am ersten Tag des Schlussverkaufs hoffnungslos zugeparkt. Es gibt weniger freie Parkplätze als wachsame Politessen. Meine Frau meinte, ihr würde es überhaupt nichts ausmachen, auch mal öffentliche Verkehrsmittel zu benutzen. Außerdem leiste dies einen wichtigen Beitrag für unsere Umwelt.

„Ja, und die ist dir allemal wichtiger als meine Gesundheit!", schimpfte ich beim Gedanken an die bevorstehende Schlepperei. Sie strafte mich eines unwürdigen Blickes und sagte in einem abfälligen Ton: „Du machst nichts zu Hause, keinen Handschlag im Garten, und von deiner Kritzelei will ich gar nicht erst anfangen! Manchmal kommst du mir vor wie eine Ökowaschmaschine. Die läuft auch nur im Schongang."

Kurz nach sechs, morgens wohlgemerkt, stiegen wir am Leuschner-Platz aus der Straßenbahn. Meine Frau zerrte mich regelrecht aus dem Abteil. Wie eine Slalomfahrerin schlängelte sie sich zwischen den Menschenmassen hindurch. Als wir aus der Unterführung wieder auftauchten, verdichtete sich der Strom von Schnäppchenjägern und -jägerinnen, sodass es kaum noch ein Durchkommen gab.

„Da haben wir die Bescherung!“, blaffte mich meine Frau verärgert an. „Wir hätten zwei Stunden früher hier sein müssen.“

„Vor zwei Stunden hast selbst du noch in den Federn gelegen“, konterte ich.

Doch meine Frau war eine Meisterin der Ignoranz. „Alles nur wegen deiner blöden Bummelei!“, hielt sie mir vor. „Wenn ich den gemusterten Pullover, den dunkelroten Wintermantel, die weiße Bluse mit den wunderschönen Rüschen, meine Winterstiefel und die Übergangsschuhe nicht mehr bekomme, dann gnade dir Gott!“

Die Kaufhäuser waren von einer dicht gedrängten und hochexplosiven Menschenmenge umlagert. Hin und wieder kam es zu kleineren Rangeleien, setzte es Fausthiebe und Schienbeintritte im unerbittlichen Kampf um die besten Plätze. Ambulante Rettungsfahrzeuge jagten mit Martinshorn und Blaulicht durch die Straßen. Doch die noch immer zahlreich in die City strömenden Menschen hatten kaum Lust, sich im Vorwärtsdrängen aufhalten zu lassen. Nicht selten blieben die Rettungsmannschaften einfach stecken. Oft kamen die Notärzte zu spät. Im Polizeibericht des nächsten Tages sprach man von mehreren Todesopfern – zerquetscht, erfroren, erstickt oder einfach zertrampelt.

Als der Zug zum Stehen gekommen war, fragte ich meine Frau: „Und, was machen wir jetzt?“

„Warten“, entgegnete sie. „Oder hast du ne bessere Idee?“

In der Tat – unsere Lage war hoffnungslos. Wir standen eingekeilt in einem auf und ab wogenden Menschenmeer. Vor uns Tausende, hinter uns Hunderte Menschen, und bei vielen lagen die Nerven blank.

„Kannst du den Eingang sehen?", wollte meine Frau wissen.

Ich stellte mich auf die Zehenspitzen und ließ meine Blicke schweifen. „Nein, tut mir leid."

„Sie gucken in die falsche Richtung", belehrte mich eine nette Frau, die neben uns stand. „Dahin müssen Sie schauen!", sagte sie und streckte ihren Arm zur Seite.

Ich drehte den Kopf und blickte über die rechte Schulter. Tatsächlich, ich konnte in gut hundertfünfzig Meter Luftlinie die Glastüren des Kaufhauses ausfindig machen.

„Ich sehe den Eingang", verkündete ich stolz.

„Würden Sie bitte so freundlich sein und mich auf dem Laufenden halten?", bat mich die Frau.

„Die ersten Informationen bekomme ich!", meldete meine Frau ihre ehelichen Vorzugsrechte an.

Obwohl das Thermometer zehn Grad unter null anzeigte und ein eisiger Ostwind durch die Straßen fegte, man fror kaum. Die Wartenden standen dicht gedrängt wie in einer Pinguinkolonie. Gegenseitig wärmten sich ihre Leiber. Trotzdem wollte die Zeit nicht vergehen und die Füße mutierten langsam zu Eisklumpen.

Von Zeit zu Zeit schob ich mich auf die Zehenspitzen, um zu sehen, ob sich vorn etwas tat. Vielleicht eine Stunde vor der Erstürmung gingen im Kaufhaus die Lichter an. „Licht", schrie ich, „ich sehe Licht!"

Die halb Erfrorenen rekelten sich in ihrer Erstarrung und trafen erste Anstalten für den bevorstehenden Sturmangriff.

„Es muss gleich losgehen!"

„Halte dich bereit!"

„Bleib dicht hinter mir!"

„Erst zur Schuhabteilung!"

Die Rufe rissen nicht mehr ab. Die Erfahrenen begaben sich in Kampfstellung, und die Neulinge folgten mutig ihrem Beispiel. Nur ein paar Schlafmützen, so wie ich, verfolgten teilnahmslos das Treiben.

„Sie müssen Ihre Arme anwinkeln!", riet mir die nette Frau neben uns.

„Warum?"

„Damit Sie Ihren Vordermann besser vor sich herschieben können."

„Warum sollte ich ihn vor mir herschieben?"

„Weil Sie von Ihrem Hintermann geschoben werden."

Das leuchtete mir ein. Ich winkelte also meine Arme an und stützte mich auf den Rücken meines Vordermannes. Dieser, ein breitschultriger Kampfzwerg vom Typ Amateurboxer, drehte sich um und streckte mir seine Faust unter die Nase.

„Nimm deine Pfoten weg, du Schwuchtel!"

„Ich wollte doch nur ...", protestierte ich kleinlaut.

„Pfoten weg!", wiederholte er und drohte: „Sonst reiße ich dir die Brille vom Zinken!"

Verunsichert gehorchte ich.

„Sie dürfen Ihre Hände erst auf den Rücken Ihres Vordermannes legen, wenn die Drängelei losgeht", flüsterte mir die nette Frau ins Ohr. „Dann achtet nämlich keiner mehr auf das, was hinter ihm passiert."

„Danke für den Tipp!"

„Was quatschst du denn laufend mit dieser Frau?", fuhr mich meine Frau von der Seite an.

„Sie hat mir nur ein paar nützliche Tipps gegeben."

„Sieh lieber nach vorn!", befahl mir meine Gattin. „In einer halben Stunde geht's los."

Der Countdown war angebrochen und die Unruhe un-

KAUF ZWEI; ZAHL DREI!

„Vierzig Paar braune Lederhandschuhe zum Preis von dreißig,
da kann man nicht widerstehen!"

ter den Leuten wuchs von Minute zu Minute. Unentwegt
riefen sich die Wartenden die Uhrzeit zu.

Dann endlich!

An den Glastüren machten sich zwei Verkäuferinnen zu
schaffen. Sie hatten an diesem Morgen den gefährlichsten

Job. Durch den gewaltigen Ansturm wurde das Öffnen der Türen zu einer lebensbedrohlichen Herausforderung. Doch durch einen geschickten und kühnen Sprung in die seitlichen Mauerausbuchtungen, wie sie früher die Wachsoldaten auf Burgen hatten, gelang es ihnen, sich rechtzeitig in Sicherheit zu bringen.

Die Schlusskäufer in der vordersten Front wurden durch den gewaltigen Druck der nachrückenden Menge regelrecht in die Wärmeschleuse geschleudert. Andere stürzten zu Boden und mussten unzählige Fußtritte über sich ergehen lassen, ehe sie sich wieder mühsam aufrappeln konnten.

Die Kaufhausleitung hatte aus den Erfahrungen der letzten Jahre gelernt und im Eingangsbereich eine ambulante Rettungsstation eingerichtet. Drei Notärzte und sieben katastrophengeschulte Schwestern standen für Rettung, Bergung und Wiederbelebung gestrauchelter Kunden einsatzbereit.

Die Drängelei war furchtbar. Die nette Frau sollte recht behalten. Während sich die Massen nach vorn stemmten, bemerkte mein Vordermann überhaupt nicht, wie ich ihn kräftig mit beiden Händen vor mir herschob. Dankbar für ihren nützlichen Rat, drehte ich mich nach ihr um, aber sie war plötzlich weg.

Spurlos verschwunden!

Plötzlich sah ich eine Hilfe suchende, hochgestreckte Hand. Die Frau musste gestolpert und schließlich gestürzt sein. Schnell war ihre Lücke geschlossen und sie abgetaucht zwischen den vielen Beinen. Nun ja, falls sie das Fußmassaker überlebte, würde sie diese Saison eine ganze Menge Geld sparen können. Die Verpflegung in unseren Krankenhäusern soll ja besser sein als ihr Ruf.

Plötzlich vermisste ich auch meine Frau, wie vom Erdboden verschluckt war sie. Neben mir drängelte ein älterer Herr mit einer bewundernswerten Ausdauer. Ich drehte mich nach hinten. Alles, was sich meinen suchenden Augen bot, waren verkrampfte und bis zur Unkenntlichkeit entstellte Gesichter.

Mich trennten keine zehn Meter mehr vom Kaufhauseingang. Da sah ich meine Frau leichtfüßig durch die Wärmeschleuse ins Kaufhaus huschen. Wie war es ihr nur gelungen, sich in dieser dichten Menschentraube so weit nach vorn zu arbeiten? Verzweifelt rief ich ihren Namen, der jedoch im tobenden Stimmenmeer ungehört ertrank. Ich reckte die Arme hoch und winkte wie ein Besessener. Doch meine Frau machte sich nicht einmal die Mühe, sich nach mir umzudrehen. Zielstrebig steuerte sie die erste Verkaufsabteilung an und war plötzlich von der Bildfläche verschwunden.

Die Chance, sie in den fünf Etagen des Kaufhauses wiederzufinden, stand bei null. Aber irgendwann im Laufe des Tages musste sie ja die Wärmeschleuse in umgekehrter Richtung wieder passieren. Also gab es für mich nur eins: Ich musste auf sie warten, das konnte ich am besten, während sie in Ruhe ihre Einkäufe erledigte.

Mit der Zeit ließ der Druck nach und wich einem gewöhnlichen Publikumsverkehr. In der Wärmeschleuse hatten sich in der Zwischenzeit einige Dutzend Männer angesammelt, allesamt von ihren Frauen vergessen, zurückgelassen oder zwischengeparkt, wie nervende Gören im Kindergarten bei IKEA.

Um mir ein bisschen die Zeit zu vertreiben, wollte ich mit dem Herrn neben mir ein Gespräch anfangen.

„Warten Sie auch auf Ihre Frau?", fragte ich ihn.

Er warf mir einen feindseligen Blick zu, drehte sich zur Seite und zündete sich eine Zigarette an.

Gegen zwölf Uhr verspürte ich einen Riesenhunger. Längst bereute ich, nicht etwas Proviant eingesteckt zu haben. Nicht weit vom Kaufhaus entfernt gab es einen Imbissstand. Aber ich wollte meine gute Warteposition nicht so einfach preisgeben. In der Zwischenzeit hätte ja meine Frau auftauchen können. Ich beschloss, trotz knurrenden Magens, zu warten. Lange konnte es ja nicht mehr dauern.

Gegen halb zwei kam die erste Frau eines in der Wärmeschleuse ausharrenden Mannes. Als er seine Holde im Getümmel erkannte, hüpfte er freudig erregt wie eine aufs Frauchen wartende Töle. Seine Frau kämpfte sich, an jeder Hand drei, vier prall gefüllte Taschen, durch das Gewühl.

„Liebling", stöhnte sie entkräftet, „du kannst dir gar kein Bild von dem Stress da drin machen!"

Gegen drei ärgerte ich mich, nicht doch eine Kleinigkeit vom Imbissstand geholt zu haben. Und obwohl mir der Hunger immer mehr zusetzte, wagte ich nicht, mein mir inzwischen vertrautes Revier zu verlassen. Um vier schüttelten mich erste Hungerkrämpfe. Mein ausgezehrter Körper wehrte sich mit erhöhter Temperatur. Mir ging es zusehends schlechter. Meine Knie wurden weich wie Pudding, den ich jetzt, obwohl ich dieses Zeug hasste, regelrecht verschlungen hätte.

Gegen fünf peinigte mich Übelkeit mit drohendem Brechreiz. Aber ich war um keinen Preis bereit, mich zu übergeben. Das bisschen Frühstück sollte drinnen bleiben. Außerdem konnte meine Frau jeden Augenblick erscheinen. Und dann kam mir eine Erscheinung. Mein

Blick verklärte sich. Die Wärmeschleuse verschwand in einem dichten Nebel. Ich halluzinierte wie ein zugedröhnter Junkie. Und dann raffte mich ein Schwächeanfall dahin. Um mich drehte sich alles, und wie von fern hörte ich Stimmengewirr wie Meeresrauschen. Der weiße Nebelschleier wich einer totalen Finsternis. Meine Beine knickten weg, und ich fiel zusammen wie ein leerer Kartoffelsack.

Als ich wieder zu Bewusstsein kam, lag ich auf einer der Krankenliegen im Kaufhaus-Notlazarett.

„Der Mann ist völlig entkräftet", hörte ich einen Weißkittel sagen.

Über mir baumelte eine Flasche, die meinem ausgelaugten Körper Flüssignahrung zuführte.

„Wir müssen ihn stationär einweisen!", schlug einer der Ärzte vor.

„Glauben Sie allen Ernstes, dass der, so ausgemergelt, den Transport überlebt?", zweifelte ein zweiter Arzt.

„Ich denke, mit der Luftrettung hat er gute Überlebenschancen."

„Luftrettung, dass ich nicht lache! Sie haben wohl noch nicht die letzte Streichliste des Gesundheitsministers gelesen?"

„Was schlagen Sie dann vor?"

„Entfernen Sie die Infusion und verständigen Sie einen Bestatter!"

Es war höchste Zeit, mich aufzurappeln. „Ich muss gehen", erklärte ich und dachte voller Sorge an meine Frau.

„Gar nichts müssen Sie!", widersprach der Arzt heftig. „Was Sie jetzt brauchen, ist Ruhe."

„Aber meine Frau. Die Ärmste wird auf mich warten."

„Ich bin für Sie und nicht für Ihre Frau verantwortlich!", duldete der Arzt keinen Widerspruch.

Außergewöhnliche Situationen erfordern außergewöhnliche Maßnahmen. Ich riss mir die Kanüle aus dem Arm, sprang kurzerhand von der Liege und verkündete zum Erstaunen der Umherstehenden: „Ich fühle mich wie neu geboren."

„Das kann ich nicht zulassen!", protestierte der Arzt.

„Vielen Dank für Ihre Hilfe!", rief ich ihm noch zu und ließ ihn unbeeindruckt stehen.

„Auf Ihre Verantwortung!", brüllte er mir hinterher.

Als ich in die Wärmeschleuse zurückkam, wartete bereits meine Frau ungeduldig auf mich.

„Wo treibst du dich denn wieder herum?", fuhr sie mich barsch an. „Keinen Augenblick kann man ihn allein lassen! Seit geschlagenen fünf Minuten warte ich hier auf dich!"

Dabei sein ist alles!

Das Schicksal nahm seinen Lauf, als mir der Vorsitzende unseres Turnvereins, also mein Vater, vertraulich ins Ohr flüsterte: „Ich hab' eine schöne Aufgabe für dich!"

Ich ahnte Schlimmes. Schöne Aufgaben im ehrenamtlichen Bereich sind stets mit sehr viel Arbeit verbunden. Deshalb erwiderte ich, indem ich meine ganze Bescheidenheit in die Waagschale warf: „Ich weiß gar nicht, ob ich diesem Vertrauensvorschuss gewachsen bin."

„Du bist! Du bist!", klopfte mir mein Vater überzeugt auf die Schulter.

Die schöne Aufgabe bestand darin, dass ich als Conférencier durch den Festabend anlässlich unseres Vereinsjubiläums führen sollte. Dabei war es völlig meiner Fantasie überlassen, wie ich die zahlreichen Festredner ankündigen würde. Meine anfängliche Ratlosigkeit wurde Tage später von einem genialen Einfall abgelöst. Ich hatte ein passables Konzept gefunden und machte mich in den nächsten Wochen an die Ausarbeitung der Ansagen.

Darüber vergaß ich völlig, mich nach der für dieses gesellschaftliche Großereignis vorgesehenen Kleiderordnung zu erkundigen. Fünf Tage vorher, wir probten gerade im Vereinszimmer ein letztes Mal den Ablauf des Abends, fragte Vater so ganz nebenbei: „Hast du überhaupt etwas Passendes anzuziehen?"

„Was verstehst du unter passend?" Mir wurde schwarz vor Augen.

„Einen ordentlichen Anzug, weißes Hemd, Krawatte."

„Dunkle Jeans und ein helles T-Shirt tun's doch auch."

„Hast du noch immer nicht begriffen, wer an diesem Abend alles kommt?", geriet Vater aus der Fassung und begann, die geladenen Festredner aufzuzählen: „... der Bürgermeister, ein Landtagsabgeordneter, der Sportdezernent, zwei Abgeordnete vom Stadtparlament, der Präsident des Sächsischen Turnverbandes, Vertreter des Kreissportfachausschusses, die Sponsoren ...“

Während er die Persönlichkeiten unter Zuhilfenahme seiner Finger aufsagte, senkte ich, über meine Naivität beschämt, den Kopf und beschloss, den besten und teuersten Anzug zu kaufen. Dies ließe sich jedoch nur ohne meine Frau verwirklichen.

„Du fährst auf keinen Fall allein!“, rief meine Frau und versperrte mir den Weg.

„Ich wollte dir den Trubel ersparen“, mimte ich den rücksichtsvollen Ehemann.

„Ich liebe diesen Einkaufstumult!“, erwiderte sie.

„Es wird schwer werden, etwas Passendes zu finden.“

„Ich kaufe nie etwas auf Anhieb.“

„Wir werden sehr weit laufen müssen“, versuchte ich, sie an die Strapazen unseres letzten Alpenurlaubs zu erinnern.

„Ich kann mich nicht erinnern, auf dem Watzmann eine Rolltreppe vorgefunden zu haben!“

„Dafür waren andere Berggipfel mit einer Seilbahn zu erreichen“, widersprach ich.

„Die du Geizhals aber zu benutzen stets abgelehnt hast.“

„Wandern ist gesund!“, hielt ich dagegen.

„Eben! Worauf warten wir also noch?“

Ich steuerte geradewegs auf P&C zu, als ich plötzlich einen heftigen Ruck am Ärmel spürte.

„Hier gehen wir nicht rein!“, entschied meine Frau und versuchte, mich vom Eingang wegzuziehen.

Ich stemmte mich mit aller Kraft dagegen. Dies erwies sich auf den glatten Marmorplatten als kein leichtes Unterfangen. Aber ich blieb Sieger, ja es gelang mir sogar im Verlaufe unseres kurzen Handgemenges, mich aus ihrem Klammergriff zu befreien.

„Was hast du gegen P&C?"

„Dieser Laden ist nichts für uns."

„Das musst du mir aber näher erklären!", forderte ich.

„Mann", stöhnte meine Frau, „das ist der Aldi der Reichen. Hier gibt's nur teure Klamotten."

„Na, umso besser", jauchzte ich erfreut und sprang mit einem Riesensatz auf die Rolltreppe, die mich geradewegs zur Herrenkonfektion beförderte.

„Warte wenigstens auf mich, du Dickschädel!", hörte ich meine Frau hinter mir keuchen.

„Wir müssen ja hier nichts kaufen", entspannte ich die Lage diplomatisch. „Wir orientieren uns bloß."

„Und dabei wird's auch bleiben!", ließ sie nicht locker.

„Darf ich Ihnen behilflich sein?", sprach uns eine korpulente Verkäuferin mit der Diskretion und Höflichkeit an, die sich für ein solches Haus ziemt.

Schnell hatte sich meine Frau bei mir untergehakt und ihr strahlendes Sonntagslächeln aufgesetzt, als wären wir das harmonischste Ehepaar im deutschsprachigen Raum.

„Wir suchen einen Anzug", antwortete meine Frau.

„Für mich", stellte ich klar.

„Haben Sie eine bestimmte Vorstellung?", wandte sich die freundliche Kaufberaterin an meine Frau und ließ mich, für den der Anzug ja eigentlich bestimmt war, links liegen.

„Wir suchen eine zweireihige Kombination, graue Hose und blaues Sakko."

Die Verkäuferin maß meinen Körper, als hätte sie ein Fadenkreuz in den Pupillen.

„Wenn Sie mir bitte folgen würden!"

Meine Frau folgte der Verkäuferin, mich im Schlepptau. Sie führte uns zu einem offenen Wandschrank, schob einige Anzüge beiseite, um wahrscheinlich nicht den Eindruck zu erwecken, das erstbeste Stück herauszuziehen. Endlich hatte sie eine Kombination gefunden, die nicht nur meinem Geschmack, sondern auch meinen Vorstellungen entsprach.

„Eines der schönsten Modelle, die unser Haus zu bieten hat, hundert Prozent Schurwolle, erlesenste Qualität aus dem Modehaus *Paolo Negrato*."

Beeindruckt und mit wilder Kaufentschlossenheit riss ich das kostbare Stück an mich und verschwand in einer Kabine. Der Anzug saß wie angegossen, als hätte Herr Negrato ihn persönlich auf meinen Leib geschneidert. Ich drehte und wendete mich vor dem Spiegel, warf einen prüfenden Blick über die Schulter, um den Sitz im Hüftbereich zu kontrollieren.

„Steht Ihrem Mann wirklich ausgezeichnet", schwärmte die Verkäuferin und hatte ein Leuchten in den Augen.

„Ich weiß nicht", zerstach meine Frau die bunte Seifenblase meiner Vorfreude.

„Nein, nein", wehrte ich heftig ab, „der ist wie für mich gemacht." Und um meine Kaufentscheidung noch deutlicher werden zu lassen, erkundigte ich mich nach dem Preis.

„Nun, ganz billig ist er nicht", antwortete die Verkäuferin verlegen. „Aber für einen solch exzellenten Anzug halb geschenkt", versuchte sie den Preis herunterzuspielen.

„Mein Gott", entfuhr mir, nach einem Blick aufs Preis-

„Hat der Kunde nichts gesagt, als du ihm den
potthässlichen Anzug angedreht hast?"
„Nö, nur sein Blindenhund hat ganz
furchtbar aufgejault."

schild, ein leichter Seufzer, „dafür kriegt man ja eine Woche Mallorca."

„Für zwei Personen, all-inclusive", setzte meine Frau noch einen obendrauf. Und zu der enttäuschten Verkäuferin sagte sie: „Vielen Dank! Der ist uns zu teuer."

Mit grimmigem Blick verließ ich den Modetempel.

„Wir bekommen deinen Anzug auch anderswo", hörte ich meine Frau sagen, als wir wieder draußen auf der Straße waren.

In den folgenden drei Stunden zogen wir durch einige Dutzend Herrenausstatter des unteren Preisniveaus, pilgerten durch fünf Kaufhäuser und durchstöberten zahlreiche Boutiquen. Doch kein einziger Anzug ließ sich auftreiben, der auch nur im Entferntesten meinen Vorstellungen entsprochen hätte. Was meine Frau auch von den Kleiderständern zog, ich lehnte es entschieden ab.

„Ich will den Anzug von P&C!", bekräftigte ich immer wieder. Und ebenso oft konterte meine Frau: „Schlag dir das aus dem Kopf!"

Nach fünf Stunden platzten die ersten Blasen an meinen Füßen. Bei meiner Frau zeigten sich dagegen noch keinerlei Ermüdungserscheinungen, wogegen sie in der fünften Kehre beim Watzmannaufstieg fast zusammengebrochen wäre.

Ich war müde, hungrig und völlig ausgelaugt. Im letzten Geschäft zog ich mich ins Spielzimmer der benachbarten Kinderabteilung zurück, in der ich mich kraftlos auf ein winziges Stühlchen fallen ließ.

Plötzlich kam meine Frau völlig aufgelöst angerannt. „Ich hab einen gefunden, ich hab einen gefunden. Komm, beeil dich!"

Ich folgte ihr in die Herrenabteilung.

„Was hältst du von diesem Prachtexemplar?"

Sie hatte tatsächlich einen Anzug aufgestöbert, der dem von P&C sehr ähnelte. Frauen haben dafür ein Gespür, weniger aber für die Größe. Der Anzug hatte zwei Nummern Übergröße. Aber was soll man machen nach einer so kräftezehrenden Odyssee?

„Wir lassen ihn ändern", schlug meine Frau vor.

„Dazu bleibt uns aber keine Zeit mehr", gab ich zu bedenken.

„… und der Anzug ist noch so gut wie neu!“

„Dann wird er eben nach der Festveranstaltung abgeändert.“

„Und ich stehe in diesem Sack vor all den Leuten!“, protestierte ich.

„Für einen so preisgünstigen Anzug muss man auch mal ein Opfer bringen!“

Unser Festabend wurde ein voller Erfolg. Zwar versprach ich mich noch während der ersten Ankündigung, dafür trug ich aber meine selbst gedichteten Vierzeiler fehlerfrei vor. Ich hatte eine ganze Reihe humorvoller Gedichte gereimt, die auf die jeweiligen Redner zugeschnitten waren. Die Menge tobte, johlte und schlug sich begeistert auf die Schenkel.

Mit einer Träne im Auge drückte mir Vater nach dem offiziellen Festakt die Hand und meinte anerkennend: „Gut gemacht. Ich bin wirklich stolz auf dich!“

Mit einem abschätzigen Blick auf meine Garderobe jedoch fügte er hinzu: „Aber du hättest besser daran getan, zum Kauf des Anzugs deine Frau mitzunehmen!“

Sehnsucht nach Schuhen

Die Mitgift meiner Frau bestand aus einem Paar schwarzer Stiefel mit schief getretenen Absätzen, zwei Paar Sandaletten, bei denen die Schnallen bereits einige Blessuren aufwiesen, und einem Paar hellbrauner Halbschuhe mit eingebautem Fußbad, Resultat einer gebrochenen Sohle.

Da ich meine Frau bereits vor der Trauung liebte, war mir die Erbärmlichkeit ihres Besitzes egal. Heute, mit den Erfahrungen eines gereiften Mannes, lässt sich leicht sagen: „Arm geboren ist keine Schande, aber wer arm heiratet, ist ein Trottel!"

Ich war damals so ein Trottel und beging sogar einen zweiten, noch verhängnisvolleren Fehler. Als ich um ihre Hand anhielt, kniete ich vor ihrem schäbigen Schuhwerk nieder und gelobte feierlich: „Ich lege dir die ganze Schuhwelt zu Füßen, du brauchst nur noch hineinzuschlüpfen!"

Die Konsequenz dieses unüberlegten Satzes war, dass meine Frau nach der Trauung nicht nur mein Wort, sondern auch mein Geld nahm, um sich Unmengen an Schuhen zu kaufen, die sie sich vor der Ehe nicht hätte leisten können. Die Fächer unseres Einbauschrankes mussten stets neue und meist hochwertige Schuhprodukte vor allem italienischer Herkunft aufnehmen. Als das Fassungsvermögen überschritten war, sprach ich ein Machtwort. Ich flüsterte: „Liebling, jetzt reicht's aber!"

„Was reicht dir?"

„Mit dem Vorrat an Schuhen kannst du die nächsten zwanzig Jahre locker ohne Neuerwerbungen überstehen."

„Ihr Männer habt doch keine Ahnung von der schnelllebigen Schuhmode", erwiderte sie.

„Schuhe sind Gebrauchsartikel", widersprach ich.

„Ja, mein kleiner Modemuffel", zwinkerte sie mir zu. „Mach dir lieber Gedanken, wo ich die nächsten Schuhe unterbringe!"

„Wir haben keinen Platz mehr!"

„Deshalb brauche ich einen neuen Schuhschrank", schlussfolgerte meine Frau und präzisierte, „mit hohen Fächern für die Stiefel und flachen für Halbschuhe und Sandaletten."

„Ich bin zwar gelernter Tischler", fuhr ich sie an, „aber ich werde dir deinen dämlichen Schrank nicht bauen."

Die notwendigen Bretter, Leim, Dübel, Schrauben und Beschläge bekam ich günstig auf einem nahe gelegenen Baumarkt. Der Schrank wurde ein wahres Prachtstück, obwohl ich über zehn Jahre kein Tischlerwerkzeug mehr in den Händen gehalten hatte. Bereits ein Jahr später platzte mein Meisterwerk aus allen Nieten, und um die Lamellentüren schließen zu können, musste man sich kräftig dagegenstemmen. Alle Bemühungen, ihren Schuhwahnsinn zu stoppen, scheiterten an ihrer Hartnäckigkeit.

Wie die deutsche Exportwirtschaft, die ständig nach neuen Märkten sucht, irrte meine Frau unentwegt durch unsere Wohnung, stets auf der Suche nach weiteren Parkmöglichkeiten für noch mehr neue Schuhe. Wir reduzierten den Bestand unserer Haushaltswäsche um die Hälfte. Der so gewonnene Stauraum in den Schlafzimmerschränken sicherte die Aufnahme ihrer Schuheinkäufe der nächsten Monate.

Doch die Suche ging weiter. Sooft meine Frau unsere Schränke auf mögliche Lagerfähigkeit prüfte, Dinge aussortierte, wegwarf und neu einlagerte, schon kurze Zeit später war die neu gewonnene Kapazität auch schon wieder erschöpft. Wir trennten uns von einem zwölfteiligen Kaffeeservice, dem Christbaumschmuck, unseren Urlaubsfotos und verschenkten Haushaltsgeräte aller Art. Selbst meine geliebte Hausbar wurde mit dem Hinweis, dass Alkohol ungesund sei, ausgeräumt und an ein paar Zechkumpane verteilt.

Das Schuharsenal meiner Gattin hatte inzwischen gigantische Ausmaße angenommen. Jeder Schuhgroßhändler würde sie um diese Reichtümer beneiden. Es gab

„Wenn ich vielleicht das erste Paar noch mal …"

keine Gelegenheit, für die sie nicht das passende Schuhwerk parat gehabt hätte. Egal, ob Hochzeiten, Geburtsta-
ge, Kindstaufen, Urlaubsfahrten oder Beerdigungen, sie
fand immer das dazu passende Paar.

Mit der stoischen Geduld eines Esels ertrug ich diese
schwere Bürde. Das soll aber nicht heißen, dass ich nichts
unversucht gelassen hätte, ihr Steine, also Kieselsteine in
den Weg zu legen. Doch jeden Hinweis auf mein Geld, das
sie zum Fenster hinauswarf, torpedierte sie schnippisch:
„Dann schreib ein Buch mehr und handle bessere Verträ-
ge aus!"

Das war ein wunder Punkt in meiner empfindsamen
Seele. Sie wusste genau, dass ich kein Mensch des Han-
delns und Feilschens war. Ich schrieb meine Bücher, das
Geld jedoch verdienten andere. Aber dass sie mir das immer wieder unter die Nase rieb, ärgerte mich.

Eines Tages, einen schlechten Vertrag in der Tasche,
kam ich missgelaunt nach Hause. Ich wusste, dass ich
einmal mehr über den Verlegertisch gezogen wurde. Was
ist schon dabei, Autoren sind selten Geschäftsleute. Sie
können gut schreiben, aber schlecht rechnen. Bei Verle-
gern ist das meist umgekehrt.

Als ich in den Korridor trat, stolperte ich über mehrere
Kisten.

„Was ist denn hier los?", wunderte ich mich. „Ziehen
wir um?"

„Wir nicht", flötete meine Frau aus dem Wohnzimmer,
„aber deine Bücher."

Mit mehreren kühnen Sprüngen hatte ich sämtliche
Kartons wie ein Hürdenläufer überwunden und landete
im Wohnzimmer.

„Was hat das zu bedeuten?"

„Hast du keine Augen im Kopf?", erwiderte sie und zog das nächste Dutzend aus dem Regal. „Ich hab dein Bücherregal beschlagnahmt!"

„Ohne mich zu fragen?!"

„Denkst du, ich bin so blöd, ein *Nein* zu riskieren?", lachte sie unbekümmert. „Wieso kommst du eigentlich jetzt schon?"

„Ich war mit Dr. Hunger in allen strittigen Punkten einig", antwortete ich kleinlaut.

„Einig", fuhr sie hoch und verlangte geschäftstüchtig den Vertrag. Hastig überflog sie die Seiten bis zum Punkt *Honorare*. Ihr Gesicht verfinsterte sich.

„Du bist und bleibst ein elender Stümper! Von was soll ich eigentlich meine nächsten Schuhe bezahlen?"

Ich begab mich in die Obhut meines Psychiaters Prof. Dr. Unglaube, der, dank seiner scharfen Beobachtungsgabe, sofort auf den wunden Punkt zu sprechen kam und unumwunden fragte: „Nun, mein Lieber, wo drückt denn der Schuh?"

Ich streckte mich auf seiner Couch aus und verspürte plötzlich das unendliche Verlangen, mein ganzes, von Schuhbergen erdrücktes Leben vor ihm auszubreiten wie der kurdische Teppichhändler seinen handgeknüpften Perser. Während die Sätze nur so aus mir herauspurzelten und mir seelische Erleichterung verschafften, machte sich Prof. Dr. Unglaube unentwegt Notizen. Mir war es egal. Hauptsache, er würde mich von meiner schweren seelischen Last befreien.

Ein halbes Jahr später entdeckte ich den wahren Grund für sein fleißiges Mitschreiben. Ich durchstöberte gerade eine Buchhandlung nach Neuerscheinungen, als mir zufällig das Buch eines gewissen Prof. Dr. Unglaube in die Hände fiel. Der irritierende Titel lautete „Sehnsucht nach Schuhen. Psychologische Selbsthilfe für Opfer der Schuhomanie".

Ich bezahlte den horrenden Preis von 29,95 Euro und eilte nach Hause. An meinem Schreibtisch führte ich mir die wissenschaftliche, aber dennoch leicht verständliche Lektüre zu Gemüte. Anhand eines von ihm untersuchten Falles, bei dem selbst Frauen berühmter Kunstschaffender Opfer der Schuhomanie geworden waren, möchte er seine Leser und Patienten über die heimtückische und von der Schuhindustrie forcierten Krankheit aufklären und Wege aus der Sucht aufzeigen.

Die Schuhomanie, stellte Prof. Dr. Unglaube seine bahnbrechende These auf, sei eine tiefenpsychologische Erkrankung und die kleinere Schwester der Kleptomanie. Beide Krankheiten weisen erstaunliche Parallelen auf, denn sie zwingen ihre Opfer zur hemmungslosen Gier, wobei die Kleptomanie auf die Begleichung der Rechnung verzichtet.

Der Genesungsprozess ist beschwerlich und lang. Die Heilung meiner Frau wertete Prof. Dr. Unglaube als medizinisches Wunder. Wem die 29,95 Euro zum Erwerb des psychologischen Meisterwerkes zu viel sind, dem sei mit ein paar wenigen Worten meines Psychiaters geholfen. Als ich ihm mein Herz ausgeschüttet hatte, lehnte er sich in seinem Sessel zurück und sagte: „Gehen Sie nach Hause und tun Sie, als wäre nichts geschehen! Verzichten Sie ab sofort auf das Tragen von Schuhen! Ihre Frau muss begreifen, dass jeder Mensch im Grunde genommen gegen die steigenden Umsätze der Schuhindustrie immun ist!"

„Aber Herr Professor", wagte ich zu widersprechen. „Wir haben Februar und entsetzliche Frostgrade!"

„Umso besser, umso besser", jubelte er. „Das wird ihre Frau umso stärker von der Heimtücke ihrer Sucht überzeugen."

Zuversichtlich verließ ich sein Behandlungszimmer, beglich im Vorzimmer die Rechnung und verschwand durch die gepolsterte Tür ins Wartezimmer, in dem einige Patienten mit leeren Blicken vor sich hindösten. Ich zog erleichtert meinen Mantel an, band sorgfältig meinen Schal um den Hals und rückte meine Baskenmütze zurecht. Dann entledigte ich mich meiner Schuhe und Strümpfe, die ich in meinem Aktenkoffer verstaute.

Mit Erfrierungen zweiten Grades kehrte ich in unser trautes Schuhlager zurück. Entsetzt über meine blauen Füße, die ich mich weigerte zur Kenntnis zu nehmen, fragte meine Frau: „Wo hast du deine Schuhe gelassen?"

„Welche Schuhe?", mimte ich den Ahnungslosen.

„Als du die Wohnung verlassen hast, hattest du Schuhe an den Füßen!"

„Ach so, ja", sagte ich mit einem aufmunternden Lächeln und zog sie aus dem Aktenkoffer.

„Was um Himmels willen ist nur in dich gefahren, barfuß auf die Straße zu gehen?"

„Barfußlaufen ist gesund. Außerdem, kein Mensch braucht Schuhe!"

„Wer erzählt denn so einen Schwachsinn?"

„Professor Dr. Unglaube!"

„Warst du wieder bei diesem bekloppten Halsabschneider", schniefte sie ärgerlich und zog die Rechnung aus meiner Manteltasche.

Dieser Vorfall muss meine Frau sehr erschüttert haben, denn als ich zwei Wochen später aus dem Krankenhaus entlassen wurde, wimmelte es in unserer Wohnung nur so von Frauen, die geschäftig durch unsere Zimmer jagten. Jede mit zwei, drei Paar Schuhen in den Händen.

„Was ist denn hier los?", fragte ich meine Frau, nachdem ich sie mitten in dem regen Markttreiben entdeckt hatte.

„Stehen Sie nicht im Wege herum!", stieß mich eine wohlbeleibte Dame zur Seite, weil ich sie offensichtlich beim Durchstöbern unserer Schuhschränke störte.

„Was machen diese vielen Frauen hier?", wollte ich von meiner Frau wissen.

„Schuhe kaufen."

„Was für Schuhe?"

„Na meine, du hast ja kaum welche."

„Du verkaufst all deine Schuhe?"

„Ein paar behalte ich schon noch", beruhigte sie mich. „Schließlich will ich mir nicht die Flossen abfrieren."

„Heißt das, du kaufst dir in Zukunft nie mehr Schuhe, als du wirklich benötigst?"

„So ist es", sagte sie, „den Lederhaien schmeiße ich dein sauer verdientes Geld jedenfalls nicht mehr in den Rachen."

„Liebling", jauchzte ich begeistert, „du machst mich zum glücklichsten Menschen."

Als wir Stunden später allein in unserer Wohnung waren, schwor mir meine Frau den heiligen Eid, sich nie wieder solche Unmengen an Schuhen zuzulegen. Sie steige nämlich jetzt um auf Damenoberbekleidung.

Bereits ein Jahre später erschien das zweite Buch meines Psychiaters Prof. Dr. Unglaube mit dem Titel „Im Netz der Textilindustrie. Ein Betroffener packt aus".

Geldautomaten kennen kein Erbarmen

Auch wenn mich meine Frau immer wieder massiv unter Druck setzte, mir vor allem mit Schlaf- und Beischlafentzug drohte, ich brach mein heiliges Ehrenwort nicht. Die Bank hatte ausdrücklich darauf bestanden, den PIN-Code meiner EC-Karte niemandem und keinem zu verraten. Auch sollte man sich die vierstellige Zahl nicht irgendwohin notieren, vielleicht zwischen den Telefonnummern. Scheckkartenbetrüger wittern sofort den fetten Braten, und das Konto ist ruck, zuck leer gefegt.

Ich hatte meine Geheimzahl (sie lautet übrigens 5361) ganz geschickt zwischen den Telefonnummern in meinem Notizbuch versteckt, selbstverständlich chiffriert, und mir danach zusätzlich in einem mehrstündigen Gedächtnistraining fest eingeprägt. Sicher ist sicher, und doppelt hält nun mal schlechter.

Als ich spätabends heimkam, schwenkte meine Frau einen verdächtigen Briefumschlag.

„Eine Mahnung vom Klempner", rügte sie mich und zog den Briefbogen aus dem Kuvert.

„Eine Mahnung?", wunderte ich mich. „Wofür?"

„Für die defekte Klospülung", half sie mir auf die Sprünge.

„Ich hab das Geld vor einer Woche diesem Halsabschneider überwiesen."

„Und die Mahnung schickt er uns nur zum Spaß?"

„Woher soll ich das wissen?", erwiderte ich gereizt. „Ich bin doch nicht für seine schlampige Buchführung verantwortlich."

„Bei dir sind immer die anderen schuld!", warf sie mir vor.

„Wenn es dich beruhigt, dann hole ich die Auszüge. Wir werden ja sehen, wer recht hat."

„Du bleibst! Ich gehe!", machte sie mir eine unmissverständliche Ansage.

„Nein, ich gehe!", protestierte ich.

„Ohne Karte?", lachte sie hämisch und hielt mir meine EC-Karte vor die Nase.

„Woher hast du die Karte?"

„Du solltest besser auf deine Sachen achten! Und nun rück die Geheimzahl raus!"

„Niemals!"

Meine Frau zog in der Manier eines Schwertkämpfers das schärfste Fleischmesser unter ihrer Kittelschürze hervor. Sie sah ihre große Chance, endlich an unsere Bankdaten zu gelangen. „Wie heißt sie?"

„Ich schweige wie ein Grab."

Sie holte zum finalen Stoß aus und schrie: „Sag endlich, wie sie heißt!"

„Ich kann nicht", wimmerte ich verängstigt. Und als sie, mit der brutalen Entschlossenheit eines Affekttäters, die Mordwaffe im Anschlag sich auf mich stürzte, welche mich gottlob nur knapp verfehlte und im Türrahmen stecken blieb, seufzte ich unter Todesängsten: „Evelyn ... Sie heißt Evelyn."

„Wer heißt Evelyn?"

„Meine Freundin", beichtete ich unter dem Druck ihrer Gewalt.

„Das wollte ich nicht wissen. Ich brauche die Geheimzahl!"

„Wofür?"

„Um Geld abzuheben."

„Ich denke, du brauchst nur die Auszüge?"

„Was für Auszüge? Geld brauche ich, oder glaubst du, der Kühlschrank füllt sich von allein."

Unbemerkt hatte ich mich rückwärts zur Wohnungstür geschoben. In einem spektakulären Fluchtversuch entriss ich ihr meine EC-Karte, stieß die Tür auf und hechtete wie die Klippenspringer von Acapulco in den rettenden Hausflur. Den Aufzug ignorierend stürmte ich halb im freien Fall das Treppenhaus hinunter und entkam nur knapp meiner Frau.

Im hell erleuchteten Serviceraum war keine Menschenseele. Erleichtert zog ich die Karte aus der Schutzhülle und steckte sie in den vorgesehenen Schlitz. Der Automat begrüßte mich, darauf war er schließlich programmiert. Dann verlangte er, da er mich weder sehen noch riechen konnte, dass ich mich mit meinem PIN-Code zu erkennen geben sollte.

Gerade in dem Moment, als ich meine Geheimzahl eintippen wollte, wurde mir schmerzlich bewusst, dass sie mir entfallen war. Zum Glück hatte ich immer mein Notizbuch dabei, in dem ich den Zahlencode geschickt zwischen den Telefonnummern versteckt hatte. Ich griff in meine Innentasche, doch die war leer.

Schlagartig hatte ich drei Probleme: keine Geheimzahl, kein Notizbuch und eine Karte, die im Automaten steckte, der sie ums Verrecken nicht wieder herausrücken wollte. Es gab nur einen Ausweg, ich müsste mich wieder an die Zahl erinnern. Also schloss ich ganz fest die Augen und versuchte, mich zu erinnern. Die Bank gestattete drei Versuche. Aus einem Chaos von Zahlen, ähnlich wie in einer Buchstabensuppe, erhoben sich plötzlich deutlich vier Ziffern. Das sind sie, rief ich erleichtert und gab 3-5-1-6 ein.

„Tut mir leid", antworte der enttäuschte Geldautomat, „die von Ihnen eingegebene PIN ist falsch! – Bitte versuchen Sie es noch einmal!"

Ruhig bleiben, ganz ruhig bleiben, forderte ich mich selbst zur Gelassenheit. Es wäre doch gelacht, wenn mir diese blöde Kombination nicht einfallen würde. Plötzlich war ich mir hundertprozentig sicher, dass sie mit der Ziffer 1 begann. Du alter, vergesslicher Schwachkopf rügte ich mich! Ich unternahm einen neuen Versuch und gab die zweifellos richtige Zahlenfolge 1-6-3-5 ein.

„Tut mir leid", blieb der Geldautomat hartnäckig, „die von Ihnen eingegebene PIN ist falsch! – Bitte versuchen Sie es noch einmal!"

„Falsch!", schrie ich den Blechhaufen an. „Was bildest du dir eigentlich ein, wer du bist?"

Wütend bearbeitete ich ihn mit den Fäusten. Doch er blieb unbeeindruckt. Ist das die hochgelobte Freiheit, dass man bettelnd um sein sauer verdientes Geld vor so einem herzlosen Apparat mit einer Handvoll Schrauben, Muttern und ein paar Metern Klingeldraht stehen muss?

Nach zwei, drei Minuten hatte ich mich wieder unter Kontrolle. Ich war noch immer allein im Serviceraum. Wer holt auch schon eine viertel Stunde vor Mitternacht Bargeld?

Der letzte Versuch!

Wenn ich mich ganz fest konzentrieren würde, müsste ich mich doch um Himmels willen an die lächerliche Zahlenreihe erinnern können. Hatte ich mir nicht, jetzt fiel es mir wieder ein, die Geheimzahl mit einer kleinen Eselsbrücke gemerkt? Je zwei Zahlen standen für ein geschichtliches Ereignis im zwanzigsten Jahrhundert.

„Was machen Sie mit der Gasflasche am Geldautomat?"
„Das habe ich von meinem Enkel, der hebt immer so ab."

Der Mauerbau 61 und der Aufstand der Berliner Bauarbeiter 53. Der Rest war ein Kinderspiel. Erleichtert drückte ich die Tasten mit den Zahlen 6-1-5-3 und wartete gespannt auf die Reaktion des Geldautomaten, wobei ich ihm schadenfreudig den ausgestreckten Mittelfinger unter seinen Monitor hielt.

„Tut mir leid", teilte er mir indes in gewohnter Manier mit, „die von Ihnen eingegebene PIN ist falsch! – Leider konnten Sie sich nicht als Karteninhaber identifizieren.

Die Karte wird aus Sicherheitsgründen einbehalten! – Auf Wiedersehen!"

„Du Idiot!", schrie ich aufgebracht. „Du selten dämlicher Idiot! Sehe ich etwa aus wie ein Scheckkartenbetrüger? Ja, ja – antworte mir, du Mistkerl!"

Der Geldautomat, und damit provozierte er mich endgültig, hüllte sich weiterhin in eisiges Schweigen. Ich schlug wie ein Besessener auf das störrische Gerät ein. Der Automat war von der neuen und robusteren Generation, sodass ihm meine Fausthiebe nichts anhaben konnten. Das wiederum trieb mich in den absoluten Wahnsinn.

Ich bündelte all meine Kräfte, umklammerte den Auszugsdrucker wie eine Geliebte, riss ihn aus seiner Verankerung und stemmte ihn über meinen Kopf. Dann schleuderte ich ihn mit voller Wucht auf seinen grantigen Kollegen. Dieser gab einen letzten Seufzer von sich und starb einen wohlverdienten Tod.

Plötzlich stürmte eine Polizeistreife den Serviceraum, die mich in einem kurzen Handgemenge überwältigen konnte und anschließend zur Sicherheitsverwahrung brachte.

Jetzt sitze ich in Untersuchungshaft und warte auf meinen Prozess. Die Anklage lautet: Mutwillige Sachzerstörung in Tateinheit mit versuchtem Bankeinbruch sowie akute Störung der öffentlichen Ordnung und Sicherheit! Mit mildernden Umständen ist nicht zu rechnen. Geldautomaten und Banken kennen kein Erbarmen!

Grüße aus dem Urlaub

Es klingelte! Um diese Zeit!? Im Fernsehen lief gerade der Abspann des Spätkrimis.

Ich hatte schon meinen Pyjama an, spähte durch den Spion und wäre nicht verwundert gewesen, wenn auch einer davorgestanden hätte. Vor der Tür stand aber nur mein Nachbar Felix Stürzler.

„Ihr müsst uns helfen!", flehte er mich an.

„Aber doch nicht um diese Zeit!"

„Ich wollte nicht gesehen werden. Die ganze Sache ist mir äußert peinlich."

„Schön, um was geht's denn?"

„Darf ich reinkommen?"

„Natürlich."

Felix stolzierte ins Wohnzimmer und ließ sich aufs Sofa fallen.

„Kann ich dir etwas anbieten?"

„Du musst nicht überall beweisen, dass dein Opa
bei der Feuerwehr war!"

„Ein Bier und einen Kognak!“

Ich bewirtete meinen nächtlichen Gast zu seiner vollsten Zufriedenheit und wagte nach dem dritten Kognak zu fragen: „Und nun sag endlich, um was es geht!“

„Wir können dieses Jahr nicht in den Urlaub fahren.“

Entsetzt starrte ich ihn an. „Felix, tut mir echt leid, aber im Moment sind wir auch ziemlich klamm“, versuchte ich seinen Anpumpversuch im Keim zu ersticken.

„Nein, darum geht's gar nicht. Kein Geld haben wir selbst genügend. Ihr braucht nichts weiter zu tun, als uns in den nächsten zwei Wochen zu beköstigen!“

„Hier!“, schrie ich auf.

„Nein, bei uns.“

„Aber ... wie ... wie soll das funktionieren?“, stammelte ich nach Luft schnappend.

„Wenn wir was brauchen, Brot, Butter, Wurst, Käse, Fleisch, Bier, Wein und so weiter, dann rufen wir euch an, und ihr besorgt es uns.“

„Warum geht ihr nicht selber einkaufen?“

„Wir dürfen die Wohnung nicht verlassen.“

„Warum das denn?“

„Wir könnten gesehen werden.“

„Von wem?“

„Von unserer buckligen Verwandtschaft, Freunden oder Bekannten.“

„Aber was ist daran so schlimm?“

„Wir sind in Italien. Verstehst du? Für die sind wir am Mittelmeer.“

Ich wusste, seine Verwandtschaft glich einer sizilianischen Großfamilie. Ganze Landstriche waren miteinander und untereinander verwandt, verschwägert und verheiratet. Felix und seine Frau kommen beide aus kin-

derreichen Familien. Ihre Eltern stammen aus noch grö-
ßeren kinderreichen Familien. Es gibt Dutzende Onkels
und Tanten und Hunderte Cousinen und Cousins. Alles
in allem zählt seine Großfamilie 145 Unterfamilien und
38 Einzelpersonen, die entweder ledig oder verwitwet
sind. Weiterhin haben sie um die sechzig Freunde und
Bekannte. Und alle erwarten mindestens zwei Urlaubs-
karten.

„Das würde euch ja ein Vermögen kosten."

„Die Postkarten wären halb so schlimm. Da kommen
wir unter fünfhundert Euro weg. Bloß die Zeit, die viele
Zeit, um die alle zu schreiben."

„Da kann man ja wirklich gleich zu Hause bleiben."

„Eben. Aber wie willst du das deiner Familie erklären?
So kam ich auf die Idee, aus dem Urlaub zu telefonieren."

„Richtig, eine geniale Idee."

„Und die Kosten?", fuhr er mich an. „Ein Gespräch
aus Italien kostet so um die drei bis fünf Euro, und wir
müssen alle mindestens zweimal anrufen. Fünfhundert
Telefonate – das wäre mein Ruin."

„Unfassbar!"

„Sag ich ja! Und so kamen wir auf die Idee, zu Hause zu
bleiben und von dort aus anzurufen. Wir haben nämlich
Flatrate. Das kostet uns keinen Cent. Und die Urlaubs-
kosten sparen wir auch noch."

„Aber was willst du deinen Verwandten sagen?"

„Das Übliche. Das Wetter ist prima, kein Regen, wei-
ßer Sandstrand, klares, sauberes Meerwasser, tolle Leute,
delikate Speisen und erstklassiger Wein. Nur das italienische Bier, das kannste vergessen."

Felix lächelte erwartungsvoll.

„In Ordnung. Wir helfen euch."

„Du bist im Urlaub, Gottfried, nicht in deinem Ministerium!"

Als wir alle Details besprochen hatten, dämmerte es bereits.

„Wann fahrt ihr los?"

„Morgen Abend."

Drei Tage später erhielten wir den ersten Anruf. Felix betete seinen ganzen Einkaufszettel herunter: zehn Kilogramm italienische Kartoffeln, drei Gurken und ein Kilo Tomaten – aber italienische –, zwei Kilo Schmorfleisch, Zwiebeln, zwei Brote, zwanzig Brötchen, zwei Stück Butter, drei Becher Margarine, zehn Tafeln Schokolade, fünf Flaschen italienischen Wein, zwei Kästen Wasser und ein Kasten Bier.

Wir erledigten alle Besorgungen, ich trieb sogar italienisches Bier auf, und deponierten die Versorgungspakete vor Stürzlers Wohnungstür.

Am darauffolgenden Tag läutete wieder unser Telefon. Felix wäre der Letzte gewesen, mit dem ich gerechnet hätte.

„Wir sind es!", dröhnte Felix' unverkennbare Stimme durch die Muschel. „Was glaubt ihr wohl, von wo aus wir anrufen?"

„Keine Ahnung!", antwortete ich, von seiner Fragestellung überrascht.

„Aus Italien!!! Ja, du hast richtig gehört, aus *Italien*! Das Wetter ist übrigens prima, kein Regen – nur Sonne pur, ein Strand, weiß wie ein Kinderpopo, das Meerwasser total sauber, und tolle Leute haben wir kennengelernt, das Essen: Bella Italia! Auch der Wein allererste Sahne. Nur einen Wermutstropfen gibt es: Das italienische Bier – das schmeckt beschissen."

U. S. Levin (d. i. Pseudonym), geb. 1960, schrieb seit 1991 zahlreiche satirische Texte für die *LVZ*, publizierte zwischen 1992 bis 2010 vorwiegend in Tageszeitungen wie der *Sächsischen Zeitung*, dem *Nordkurier*, der *Magdeburger Volksstimme*, der *Lausitzer Rundschau*, der *Freien Presse* und der *Ostthüringer Zeitung*. Für die Satirezeitschrift *Eulenspiegel* ist er heute noch tätig. Seit 1995 veröffentlichte er seine Satiren in zahlreichen Büchern. Mit dem Titel „Sex vor zwölf" erschien 2014 sein erstes Buch im Mitteldeutschen Verlag. Der Autor lebt in Markkleeberg und bei facebook. www.uslevin.de

Peter Dunsch (PeDu), geb. 1947 in Leuna, trat 1984 in einen Magdeburger Zeichenzirkel unter Gerd Bunzenthal ein, nahm Unterricht bei dem Magdeburger Zeichenlehrer Wilhelm Paulke und Konsultationen beim Karikaturisten Arthur Epperlein in Halle (Saale). Nach ersten Zeichnungen für Zeitschriften folgen Buchveröffentlichungen als Karikaturist und Illustrator, seit 2003 auch für U. S. Levin. Er lebt in Magdeburg.

Ebenfalls im Mitteldeutschen Verlag
erschienen

U.S. Levin
Sex vor zwölf
Satiren aus dem Ehebett
Mit Zeichnungen von Peter Dunsch

144 S., geb., ISBN 978-3-95462-334-1

„Na da steht doch, wie's geht!"